Inhaltsverzeichnis

Einleitung

Hallo, zunächst möchte ich mich bei Ihnen dem Leser für den Kauf dieses Buches bedanken. Wir werden Ihnen in diesem Buch die Vorzüge und den Nutzen den Sie mit diesem **Histaminintoleranz Ratgeber-Kochbuch** haben zugutekommen lassen.

Eine Histamin-Intoleranz wird als Histamin-Krankheit oder kurz HIT bezeichnet. Dieser Begriff beschreibt die Unverträglichkeit von Histamin, das über die Nahrung aufgenommen wird. Die Theorie über die Histamin-Krankheit und ihre Ursache lässt sich bis in die 1980er Jahre zurückverfolgen und die Frage ist, ob die Histamin-Krankheit angeboren sein kann.

Nach Meinung einiger Experten ist Histamin-Intoleranz keine angeborene Krankheit, sondern eine Krankheit, die im Laufe des Lebens erworben wird. Ungefähr 1% der gesamten europäischen Bevölkerung ist betroffen, von denen ungefähr 80% mittleren Alters und weiblich sind. Kontrollierte Einzelstudien und Analysen ihrer Ergebnisse lieferten jedoch keine wissenschaftlichen Beweise dafür, dass Lebensmittel gegenüber biogenen Aminen (einschließlich Histamin) unverträglich sind.

Nun wünsche ich Ihnen viel Spaß beim Lesen und natürlich beim Nachkochen!

Was ist Histamin?

Histamin, biologisch aktive Substanz, die in einer Vielzahl von Lebewesen vorkommt. Es ist im gesamten Tierreich weit verbreitet, wenn auch ungleichmäßig, und kommt in vielen Pflanzen und Bakterien sowie in Insektengift vor. Histamin ist chemisch gesehen ein Amin, ein organisches Molekül, das auf der Struktur von Ammoniak (NH3) basiert. Es entsteht durch die Decarboxylierung (die Entfernung einer Carboxylgruppe) der Aminosäure Histidin.

Beim Menschen kommt Histamin in fast allen Geweben des Körpers vor, wo es vor allem in den Granula der Mastzellen des Gewebes gespeichert wird. Auch die als Basophile bezeichneten Blutzellen enthalten histaminhaltige Granula. Sobald es aus seinen Granula freigesetzt wird, hat Histamin viele verschiedene Wirkungen im Körper, darunter die Kontraktion der glatten Muskulatur von Lunge, Gebärmutter und Magen, die Erweiterung der Blutgefäße, die die Durchlässigkeit erhöht und den Blutdruck senkt, die Stimulierung der Magensäuresekretion im Magen und die Beschleunigung der Herzfrequenz. Histamin dient auch als Neurotransmitter, der chemische Botschaften zwischen Nervenzellen übermittelt.

Die Wirkung von Histamin auf die Blutgefäße ist entscheidend für seine Rolle bei der Immunreaktion, die am deutlichsten bei Entzündungen zu beobachten ist, d. h. bei der lokalen Reaktion von Körpergeweben auf Verletzungen durch physische Schäden, Infektionen oder allergische Reaktionen. Die Mastzellen des verletzten Gewebes setzen Histamin frei, wodurch sich die umliegenden Blutgefäße erweitern und ihre Durchlässigkeit erhöhen.

Dadurch können Flüssigkeit und Zellen des Immunsystems, wie Leukozyten (weiße Blutkörperchen) und Blutplasmaproteine, aus dem Blutkreislauf durch die Gefäßwände austreten und zum Ort der Gewebeverletzung oder Infektion wandern, wo sie die Infektion bekämpfen und das verletzte Gewebe ernähren und heilen.

Bei einer allergischen Reaktion - einer Überempfindlichkeitsreaktion des Immunsystems auf normalerweise harmlose Fremdstoffe (in diesem Zusammenhang Antigene genannt), die in den Körper gelangen - setzen die Mastzellen Histamin in übermäßigen Mengen frei. Die an die Mastzellen gebundenen Proteine des Immunsystems, die so genannten Antikörper, binden an die Antigene, um sie zu entfernen, doch werden die Mastzellen dabei zur Freisetzung von Histamin angeregt. Dies führt zu den sichtbaren Symptomen einer lokalen allergischen Reaktion, einschließlich laufender Nase, tränenden Augen, Verengung der Bronchien und Gewebeschwellung. Histamin trägt auch zu generalisierten allergischen Zuständen wie der Anaphylaxie bei, einer schweren, sofortigen und oft tödlichen Reaktion auf ein zuvor aufgetretenes Antigen. Anaphylaxie tritt besonders häufig bei anfälligen Personen nach Insektenstichen auf.

Histamin wirkt durch Bindung an Histaminrezeptoren auf der Oberfläche von Zellen. Es gibt vier Arten von Rezeptoren, die als H1, H2, H3 und H4 bezeichnet werden. Die Wirkung von Histamin kann durch verschiedene chemische Medikamente, so genannte Antihistaminika, blockiert werden, die die Bindung von Histamin an diese Rezeptoren verhindern.

Herkömmliche Antihistaminika, die zur Behandlung von Allergien eingesetzt werden, blockieren die H1-Rezeptoren und werden daher als H1-Antagonisten bezeichnet. H2-Antagonisten sind Medikamente wie Cimetidin (Tagamet), die die Magensäuresekretion hemmen und zur Heilung von Magengeschwüren eingesetzt werden.

Symptome der Histaminintoleranz

Eine Histamin-Intoleranz kann viele verschiedene Symptome hervorrufen. Wie viele Symptome vorhanden und wie offensichtlich sie sind, hängt von einer Vielzahl von Faktoren in der individuellen Situation und Ihrer eigenen körperlichen Verfassung ab.

Manchmal gibt es einige Symptome, die eher auf das Mastzellaktivierungssyndrom zurückzuführen sind, das auch zu Histamin führen kann. In Bezug auf das menschliche Verdauungssystem können aufgrund einer Histamin-Intoleranz Symptome wie Blähungen, Bauchkrämpfe, Bauchschmerzen, Durchfall, Übelkeit, Erbrechen, schwere Krämpfe und Verdauungsstörungen auftreten. Auf der Haut kann eine Histamin-Krankheit Juckreiz, Rötung, Nesselsucht und andere Hautausschläge sowie ein sehr rotes Gesicht verursachen.Ödeme werden sich ebenfalls entwickeln.

Im Nervensystem kann eine Histamin-Intoleranz Kopfschmerzen und Cluster-Kopfschmerzen, Migräne, Schwindel, Müdigkeit, Seekrankheit und Reisekrankheit verursachen. Hier sind jedoch auch eingehende Untersuchungen erforderlich. Histonerkrankungen betreffen auch das endokrine System, insbesondere bei Frauen. Symptome wie Menstruationsbeschwerden und allgemeines Unwohlsein.

Symptome einer Histamin-Intoleranz in den Schleimhäuten und den Atemwegen sind Niesen und laufende Nase, Bronchialstenose, Bronchospasmus, verstopfte oder laufende Nase und Husten. Darüber hinaus soll die Histamin-Intoleranz das Sehvermögen beeinträchtigen und Krankheiten wie Bindehautentzündung oder Augeninfektionen verursachen. Was das Herz-Kreislauf-System betrifft, so gehören zu den Symptomen einer Histamin-Erkrankung Tachykardie (schneller Herzschlag), niedriger Blutdruck, Arrhythmien und sogar Panikattacken.

Diagnose der Histaminintoleranz

Einer Histamin-Intoleranz Diagnose ist manchmal nicht einfach und kann relativ langwierig sein. Insbesondere aufgrund der meisten unspezifischen Symptome schwankt die Histaminkonzentration in Lebensmitteln häufig stark.

Um eine adäquate Diagnose zu stellen, gegebenenfalls eine Differentialdiagnose zu stellen und andere schwerwiegende Krankheiten auszuschließen, sollten Sie immer einen Arzt konsultieren. Es gibt viele Verfahren und Tests, mit denen medizinische Daten gesammelt, eine Diagnose gestellt und andere Krankheiten ausgeschlossen werden können.

Hauttests

Durch Hauttests können Allergiker herausfinden, ob Sie gegen Lebensmittel allergisch und nicht gegen Histamin unverträglich sind. Dies muss berücksichtigt werden, bevor eine endgültige Diagnose gestellt wird, da eine falsche und falsche Behandlung zu einer Verschlechterung der Symptome führen kann.

Anamnese

Ihre Krankengeschichte kann wertvolle Informationen liefern, damit der behandelnde Arzt eine Diagnose stellen und eine mögliche Histamintoleranz bestimmen kann. Hatten Sie in der Vergangenheit eine allergische Reaktion auf bestimmte Medikamente? Oder vertragen Sie Kontrastmittel nicht gut? Hat sich Ihr Lebensstil und Ihre Essgewohnheiten in den letzten Jahren erheblich verändert? Gibt es eine bekannte schwere Krankheit oder allergische Reaktion in der Familie? Diese Informationen helfen bei der Bestimmung einer möglichen Histamin-Krankheit.

Lebensmittel-Tagebuch

Wenn Sie den Verdacht haben, dass Sie gegenüber Histamin unverträglich sind, ist es sinnvoll, ein Ernährungstagebuch über einen längeren Zeitraum zu führen. Hier können Sie Ihre tägliche Ernährung und die beobachteten Symptome aufschreiben. Es wird nicht empfohlen, Selbsttests im Internet durchzuführen, um eine Diagnose zu stellen, da diese Selbsttests sehr unsicher sind und keine Informationen darüber liefern können, ob Sie tatsächlich an einer Histamin-Krankheit leiden oder nur unzureichende Informationen liefern.

Prozessdiagnose

Sobald die Diagnose einer Histamin-Krankheit gestellt ist, fühlt sich die betroffene Person normalerweise verwirrt und sehr unsicher. Es scheint fast unmöglich, histaminreiche Lebensmittel zu meiden. Wenn Sie an einer Histamin-Intoleranz leiden, sollten Sie nicht in Panik geraten, sondern das Problem friedlich lösen und vor allem auf Ihren Körper hören.

Ein Gespräch mit dem Arzt kann die anfängliche Angst und Unsicherheit beseitigen. Es wird auch empfohlen, sich von einem sachkundigen Ernährungsberater beraten zu lassen, der Ihnen wertvolle Ernährungstipps geben kann.

Lebensmittel mit niedrigem Histaminspiegel

- frisches Fleisch (gekühlt, gefroren oder frisch)
- Bestimmte frische/gefrorene Fische - Seehecht, Forelle, Scholle
- Hähnchenfleisch (gekühlt, gefroren oder frisch)
- Eier
- Frisches Obst - mit Ausnahme von Kochbananen gelten die meisten frischen Früchte als histaminarm (siehe auch Histaminfreisetzer unten)
- Frisches Gemüse - mit Ausnahme von Tomaten, Auberginen und Spinat
- Getreide - auch Produkte daraus wie Reisnudeln, Weißbrot, Roggenbrot, Reisknäckebrot, Hafer, Puffreiscracker, Hirsemehl, Nudeln
- Frische pasteurisierte Milch und Milcherzeugnisse
- Milchersatzprodukte - Ziegenmilch, Schafmilch
- Frischkäse, Mozzarella, Butter
- Die meisten Speiseöle - vor der Verwendung auf Eignung prüfen
- Die meisten Blattkräuter - vor der Verwendung auf Eignung prüfen
- Die meisten Fruchtsäfte ohne Zitrusfrüchte

Lebensmittel mit hohem Histaminspiegel

- Alkohol
- Auberginen
- Eingelegte oder konservierte Lebensmittel - Sauerkraut
- Gereifte Käsesorten
- Geräucherte Fleischprodukte - Salami, Schinken, Würste....
- Schalentiere
- Bohnen und Hülsenfrüchte - Kichererbsen, Sojamehl
- Lange gelagerte Nüsse - z. B. Erdnüsse, Cashewnüsse, Mandeln, Pistazien
- Schokolade und andere kakaohaltige Produkte
- Seitan
- Reisessig
- Fertiggerichte
- Salzige Snacks, Süßigkeiten mit Konservierungsstoffen und künstlichen Farbstoffen

Wie kann ich meine Ernährung umstellen?

Der Drei-Punkte-Plan zur Umstellung Ihrer Ernährung bei Histaminose beginnt mit der Reduzierung der Histaminaufnahme. Das bedeutet, dass in den ersten drei Wochen nur histaminarme Lebensmittel auf dem Speiseplan stehen. Über den gesamten Zeitraum der Umstellung wird ein Ernährungstagebuch geführt. Daran schließt sich eine Phase von bis zu zwei Monaten an, in der bestimmte Lebensmittel, die Histamin in höherer Konzentration enthalten, wieder in den Speiseplan aufgenommen werden.

Essen Sie diese Lebensmittel ausschließlich und identifizieren Sie mögliche individuelle Unverträglichkeiten. Der letzte Punkt des Plans ist ein permanenter Ernährungsplan, der aus einer Diät mit niedrigem Histaminspiegel und gut verträglichen Lebensmitteln besteht.

Diese Lebensmittel wurden separat identifiziert, da nicht jeder mit Histamin-Krankheit Schwierigkeiten hat, dasselbe Lebensmittel zu verwenden.

Dieser Drei-Punkte-Plan kann jedoch erst umgesetzt werden, wenn andere Krankheiten durch entsprechende ärztliche Untersuchungen ausgeschlossen wurden.

Die 5 wichtigsten Dinge, die man über HIT wissen sollte

- Aufgrund der Vielzahl von Symptomen, die mit der HIT einhergehen, kann sie schwer zu erkennen sein und wird oft als Angststörung, Reizdarmsyndrom, chronische Nasennebenhöhlenentzündung und sogar Candida-Überwucherung fehldiagnostiziert.

- Eine "gesunde Ernährung" kann eine HIT stark verschlimmern, da viele natürliche und gesunde Lebensmittel wie Bananen, Avocado, Spinat und fermentierte Lebensmittel einen extrem hohen Histamingehalt aufweisen oder Histamine freisetzen.

- Eine Dysbiose des Darms ist einer der wichtigsten Mechanismen bei HIT, weshalb die Zusammenarbeit mit einem Naturheilkundler zur Wiederherstellung einer optimalen Darmfunktion unerlässlich ist.

- Sowohl körperlicher als auch emotionaler Stress können den Histaminspiegel im Körper erheblich erhöhen, weshalb die Stressbewältigung ein wesentlicher Aspekt der Behandlung ist.

- Die langfristige Einnahme von Antihistaminika kann zu einer HIT führen. Daher sollte man versuchen, die Ursache zu bekämpfen, anstatt die Symptome zu maskieren.

REZEPTE

FRÜHSTÜCK

Hirse-Frühstücksbrei

Vorbereitungszeit: 5 Minuten | **Kochzeit/Herstellung:** 10 Minuten | **Portionen:** 2

Zutaten:

- 2 Teelöffel flüssiger Bio-Waldhonig
- 125 g Hirse
- 150 g Heidelbeeren
- 1 Prise Salz

Zubereitung:

1. Im ersten Schritt die Hirse in einen Topf geben. 600 ml Wasser hinzufügen und die Hirse aufkochen. Geben Sie etwas Salz hinzu und rühren Sie gut um.

2. Waschen Sie die Heidelbeeren, nun die Hirse aus dem Topf nehmen und auf Tellern anrichten. Geben Sie den Honig dazu und garnieren Sie alles mit den frischen Blaubeeren.

Tipp: Sie können auch andere Obstsorten wie Johannisbeeren oder Aprikosen für diesen Brei verwenden. Achten Sie dabei auf Ihre persönliche Toleranzgrenze.

Frischer Amaranth-Brei

Vorbereitungszeit: 5 Minuten | **Kochzeit/Herstellung:** 10 Minuten | **Portionen:** 2

Zutaten:

- 140 ml Reismilch
- 2 Prisen Zimt
- 60 g gepuffter Amaranth
- 2 Teelöffel Reissirup
- 2 Esslöffel Mandelbutter
- 2 Messerspitzen Vanillemark
- 10 Esslöffel Kokosraspeln

Zubereitung:

1. Gießen Sie zunächst die Reismilch in einen Topf. Geben Sie die Kokosraspel, den Reissirup und die Mandelbutter hinzu.

2. Geben Sie den Zimt und das Vanillemark hinzu und verrühren Sie alles gründlich.

3. Füllen Sie nun den Brei in Dessertschalen und streuen Sie den Amaranth darüber. Umrühren und genießen.

Tipp: Wenn Sie hier ein wenig Abwechslung wünschen, verwenden Sie frische Aprikosen oder Blaubeeren.

Exotischer Joghurt mit Crunch

Vorbereitungszeit: 5 Minuten | **Kochzeit/Herstellung:** 10 Minuten | **Portionen:** 1

Zutaten:

- ½ Apfel
- 4 Esslöffel Naturjoghurt (1,5%)
- 1 Esslöffel Leinsamen
- 1 Esslöffel Kürbiskerne
- 1 Teelöffel Chiasamen
- 1 Teelöffel Sesamsamen
- 1 Prise Zimt
- 1 Esslöffel Kokosraspeln
- 2 frische Aprikosen, in kleine Stücke geschnitten
- 2 Esslöffel glutenfreie Haferflocken

Zubereitung:

1. Für den ersten Schritt geben Sie den Joghurt in eine Schüssel.

2. Fügen Sie nach und nach die Kokosraspeln, die in Stücke geschnittenen frischen Aprikosen, den Leinsamen, die Kürbiskerne, die Sesamkörner, die Chiasamen und die Haferflocken hinzu. Mischen Sie alles gründlich miteinander.

3. Nun schälen Sie den halben Apfel und schneiden ihn in kleine Stücke, dann mit dem Teig vermischen und alles auf Tellern anrichten. Zum Schluss mit etwas Zimt bestreuen und servieren.

Tipp: Sie können auch andere Obstsorten wie Johannisbeeren für diesen Brei verwenden. Achten Sie dabei auf Ihre persönliche Toleranzgrenze.

Fruchtquark

Vorbereitungszeit:	Kochzeit/Herstellung:	Portionen:
5 Minuten	10 Minuten	2

Zutaten:

- 150 g Johannisbeeren + 1 Handvoll zum Garnieren
- 200 g körniger Hüttenkäse (fettarm)
- 1 Teelöffel Honig (alternativ: Ahornsirup)

Zubereitung:

1. Waschen Sie zunächst die Beeren.
2. Nun rühren Sie den körnigen Hüttenkäse in einer kleinen Schüssel schön cremig und geben den Honig dazu.
3. Gießen Sie die Johannisbeeren darüber und rühren Sie gut um, bis sich die Früchte mit dem Quark gut vermischt haben.
4. Den Johannisbeerquark auf zwei Schüsseln aufteilen und die Johannisbeeren als Topping darüber geben.

Dinkel-Muffins

Vorbereitungszeit:	Kochzeit/Herstellung:	Portionen:
5 Minuten	15 Minuten	12

Zutaten:

- 100 ml Bio-Frischmilch (1,5%)
- 1 frisches Bio-Ei
- 150 ml Rapsöl
- 90 g Rohrzucker
- 7 g Weinstein-Backpulver
- 250 g Dinkelmehl
- 1 Prise Salz
- 1 Packung Cranberries

Zubereitung:

1. Mischen Sie im ersten Schritt das Dinkelmehl mit dem Rohrzucker, im Anschluss 1 Prise Salz und Weinsteinbackpulver hinzufügen.
2. Anschließend verrühren Sie in einer zweiten Küchenschüssel die Frischmilch mit dem Rapsöl und dem Ei.
3. Geben Sie nun die trockenen Zutaten zu den feuchten und verarbeiten Sie alles mit einem Mixer zu einem schönen glatten Teig.
4. Waschen Sie die Cranberries, tupfen Sie sie vorsichtig trocken und geben Sie sie zu dem Muffinteig.
5. Füllen Sie den Teig nun in 12 Muffin-Papierförmchen und backen Sie die Dinkel-Muffins im vorgeheizten Backofen bei 180 Grad (Ober- und Unterhitze) für etwa 20 Minuten.

Frisches histaminarmes Frühstück

Vorbereitungszeit:	Kochzeit/Herstellung:	Portionen:
5 Minuten	10 Minuten	2

Zutaten:

- 200 g körniger Frischkäse
- 100 g Mango-Fruchtfleisch
- Etwas flüssiger Bio-Waldhonig

Zubereitung:

1. Als ersten Schritt geben Sie den körnigen Frischkäse in eine Schüssel, rühren Sie gut um damit er etwas cremiger wird.

2. Wenn Ihnen die Konsistenz nicht ausreicht, können Sie noch etwas Wasser hinzufügen.

3. Schneiden Sie nun das Mangofruchtfleisch in Stücke und rühren Sie dieses unter den Frischkäse. Etwas Honig darüber träufeln, auf Tellern anrichten und servieren.

Tipp: Wenn Sie empfindlich auf Honig reagieren, können Sie ihn einfach weglassen. Die Mango hat von Natur aus eine gewisse Süße. Ansonsten können Sie Ahornsirup oder Agavendicksaft verwenden.

Frischkornbrot

Vorbereitungszeit:	Kochzeit/Herstellung:	Portionen:
5 Minuten	15 Minuten	1

Zutaten:

- 100 g Kartoffelstärke
- 100 g Teffmehl
- 150 g weißes Maismehl
- 60 g Leinsamen
- 100 g Quinoa-Mehl
- 1 Päckchen Weinsteinbackpulver
- 420 ml Mineralwasser
- 1 Teelöffel Agavendicksaft
- 30 g Chiasamen
- 200 ml stilles Wasser
- 1 Teelöffel Salz
- 40 g Kürbiskerne
- 50 g Vollreismehl

Zubereitung:

1. Beginnen Sie damit, die Chiasamen in eine Schüssel mit Wasser zu geben. Lassen Sie sie für 20 Minuten einweichen.

2. Hacken Sie die Kürbiskerne und Leinsamen grob. Sie können dies z. B. mit einem Multizerkleinerer tun.

3. Geben Sie nun die restlichen trockenen Zutaten in eine Rührschüssel. Geben Sie den Agavendicksaft und das Mineralwasser hinzu und verrühren Sie alles miteinander.

4. Mischen Sie die Chiasamen und die geschroteten Körner unter und kneten Sie alles mit einem Handrührgerät zu einem Teig.

5. Füllen Sie den Teig nun in eine Brot- oder Kuchenform und backen Sie ihn für 60 Minuten bei 180-200 Grad.

Gesunder Brei mit Zimt

Vorbereitungszeit:	Kochzeit/Herstellung:	Portionen:
5 Minuten	10 Minuten	2

Zutaten:

- 150 ml frische Milch
- 1 frische Feige
- 2 Messerspitzen Zimt
- Etwas Ahornsirup
- 50 g Haferflocken

Zubereitung:

1. Erhitzen Sie zunächst die Milch in einem Topf. Geben Sie die Haferflocken, den Zimt und den Ahornsirup hinzu und lassen Sie alles bei mittlerer Hitze 5 Minuten quellen.

2. Waschen und schneiden Sie in der Zwischenzeit die Feige klein.

3. Geben Sie den Haferbrei in eine Dessertschale und garnieren Sie ihn mit der Feige obenauf. Guten Appetit!

Tipp: Anstelle von Feigen können Sie auch Aprikosen oder Heidelbeeren verwenden.

Fluffige Frühstückswaffeln

Vorbereitungszeit: 5 Minuten | **Kochzeit/Herstellung:** 15 Minuten | **Portionen:** 2

Zutaten:

- 80 g Dinkelmehl
- 1 Teelöffel Weinsteinbackpulver
- 30 ml Wasser
- 1 frisches Ei, Größe M
- 1 Esslöffel Butter
- Eventuell etwas Kokosblütenzucker
- 60 g Naturjoghurt (1,5%)
- 50 ml frische Milch

Zubereitung:

1. Verrühren Sie zunächst den Joghurt, das Ei, das Wasser und die Milch zu einem Teig.

2. Mischen Sie das Backpulver mit dem Dinkelmehl und rühren Sie es unter den Teig.

3. Nach Bedarf noch etwas Zucker einrühren. Erhitzen Sie ein Waffeleisen und fetten Sie es ein wenig ein.

4. Dann die Hälfte des Teiges einfüllen und backen.

5. Mit dem restlichen Teig wiederholen Sie den Vorgang.

6. Die Waffeln auf einem Teller etwas abkühlen lassen und genießen

Hausgemachtes Müsli

Vorbereitungszeit: 5 Minuten | **Kochzeit/Herstellung:** 10 Minuten | **Portionen:** 2

Zutaten:

- 2 Esslöffel geriebene Mandeln
- 1 Esslöffel Agavendicksaft
- 6 Esslöffel Wasser
- 400 g Kirschen
- 2 Teelöffel Haferflocken
- 2 Esslöffel frische Milch

Zubereitung:

1. Lassen Sie die Haferflocken zunächst ca. 12 Stunden im Wasser quellen.

2. Am nächsten Tag mischen Sie die Flocken mit den Agavendicksaft , Milch dazugeben und verrühren.

3. Waschen und entsteinen Sie die Kirschen. In der Mitte durchschneiden und zu den Flocken geben. Alles gut miteinander vermengen. Die Mandeln darüber streuen und servieren.

Tipp: Sie können auch andere saisonale Früchte wie Heidelbeeren oder Mango verwenden. Achten Sie dabei immer auf Ihre individuelle Verträglichkeit.

Joghurt mit exotischen Früchten

Vorbereitungszeit: 5 Minuten

Kochzeit/Herstellung: 10 Minuten

Portionen: 2

Zutaten:

- ½ Mango
- 250 g Naturjoghurt (1,5%)
- 4 Esslöffel Haferflocken
- ½ geriebene Zitronenschale (falls verträglich)
- 4 Esslöffel Johannisbeeren

Zubereitung

1. Waschen Sie zunächst die Johannisbeeren. Entfernen Sie den Stiel und legen diese beiseite.

2. Geben Sie den Joghurt in eine Rührschüssel und mischen Sie die Johannisbeeren unter. Schneiden Sie die Mango und entfernen Sie das Fruchtfleisch.

3. Dann in Würfel schneiden und mit dem Joghurt vermischen. Die Haferflocken untermischen und mit der geriebenen Zitronenschale auf zwei Dessertschalen anrichten und servieren.

Tipp: Wenn Sie die Zitronenschale nicht gut vertragen, können Sie die einfach weglassen. Stattdessen können Sie die Haferflocken auf 5 Esslöffel erhöhen und 1 Esslöffel davon als Garnitur über den Joghurt geben.

Herzhafte Lachs-Frühstückskuchen

Vorbereitungszeit: 5 Minuten

Kochzeit/Herstellung: 15 Minuten

Portionen: 6

Zutaten:

- ½ Bund Dill, gehackt Salz
- ½ Bund Schnittlauch, gehackt
- 125 g Dinkelmehl
- 80 g Butter
- 80 g Frischkäse
- 2 frische Eier, Größe M
- 250 g Lachsfilet (ohne Haut)
- 1 Prise Salz
- Etwas Wasser

Zubereitung:

1. Kneten Sie zunächst das Dinkelmehl mit 1 Ei, 2 Esslöffeln Wasser, etwas Salz und der Butter zu einem Teig. Diesen wickeln Sie in Frischhaltefolie und lassen ihn 30 Minuten im Kühlschrank ruhen.

2. Fetten Sie nun die Muffin-Förmchen ein. Rollen Sie den Teig auf einer Arbeitsfläche aus und stechen Sie sechs Kreise mit je zehn cm Durchmesser aus. Legen Sie das in jede Muffinform und drücken Sie ihn an den Rändern fest.

3. Mit einer Gabel ein paar Mal einstechen und im Backofen bei 200 Grad 15 Minuten backen. Waschen Sie den Lachs und schneiden Sie ihn in kleine Stücke.

4. Das restliche Ei mit dem Frischkäse verrühren und die Mischung zu den Schnittlauch geben. Alles verrühren. Mischen Sie alles zusammen und würzen Sie mit Salz.

5. Die Muffinförmchen aus dem Ofen nehmen und die Kräuterfüllung hineingeben. Den Lachs darauf legen und nochmals für 25 Minuten im Ofen backen. Danach auskühlen lassen, aus den Förmchen nehmen und servieren.

Kräuter-Rührei

Vorbereitungszeit: 5 Minuten
Kochzeit/Herstellung: 10 Minuten
Portionen: 2

Zutaten:

- 4 frische Eier,.Größe M
- 1 Esslöffel Rapsöl
- Ein wenig Salz
- 3 Esslöffel gehackter Schnittlauch
- 3 Esslöffel gehackter Dill
- ½ Esslöffel Dinkelmehl

Zubereitung

1. Für das frische Rührei trennen Sie zunächst die Eier. Schlagen Sie das Eiweiß zu Eischnee.

2. Das Eigelb mit dem Dinkelmehl und 30 ml Wasser in eine Schüssel geben und verquirlen. Fügen Sie ein wenig Salz hinzu. Die gehackten und gewaschenen Kräuter untermischen und das Eiweiß vorsichtig unterheben.

3. 1 Esslöffel Rapsöl in einer Pfanne erhitzen. Die Eimasse hineingeben und das Rührei ausbacken. Anrichten und auf Tellern servieren.

Tipp: Wenn Sie Probleme mit frischen Hühnereiern haben, können Sie diese durch Wachteleier ersetzen. Als Richtwert gilt: 4 Wachteleier entsprechen 1 Hühnerei.

Brötchen nach italienischer Art

Vorbereitungszeit: 5 Minuten
Kochzeit/Herstellung: 15 Minuten
Portionen: 6

Zutaten:

- 4 frische Eigelbe
- 2 Esslöffel Frischkäse
- 4 Esslöffel Magerquark
- 4 Esslöffel Leinsamen
- 12 Esslöffel Flohsamenschalen
- 1 Päckchen Weinsteinbackpulver
- 80 g geriebenen Mozzarella

Zubereitung:

1. Für diese leckeren Brötchen geben Sie zunächst den Magerquark, Frischkäse, Flohsamenschalen, Leinsamen, Weinsteinpackpulver, Eigelb und Mozzarella in eine Rührschüssel. Verrühren Sie alles zu einem glatten Teig.

2. Nun aus dem Teig sechs Rollen formen und auf ein mit Backpapier ausgelegtes Backblech legen. Schneiden Sie sie kreuzförmig ein und backen Sie das für 20 Minuten bei 200 Grad.

3. Nehmen Sie die frischen Brötchen aus dem Ofen, lassen Sie die kurz abkühlen und genießen Sie Ihr italienisches Frühstück.

Schneller Wrap

Vorbereitungszeit: 10 Minuten | **Kochzeit/Herstellung:** 30 Minuten | **Portionen:** 4

Zutaten:

- ½ Salatgurke
- 8 getrocknete Paprikaschoten aus der Dose
- 1 Prise Pfeffer
- 1 Prise Salz
- 250 g Kräuterquark
- 8 große Kopfsalatblätter
- 1 Esslöffel Öl
- 150 g Halloumi-Käse

Zubereitung:

1. Schneiden oder hacken Sie die getrockneten Paprikaschoten. Waschen Sie die Gurke und schneiden Sie sie in kleine Würfel. Den Halloumi in kleine Würfel schneiden und in etwas Öl anbraten.

2. Die Salatblätter waschen und mit einem Küchentuch vorsichtig trocken tupfen. Jeweils eine Seite vorsichtig mit Kräuterquark bestreichen.

3. Getrocknete Paprika, Gurke und Halloumi untermischen, mit etwas Salz und Pfeffer würzen. Jedes Salatblatt dünn mit der Paprika-Gurken-Halloumi-Mischung belegen, dabei an den Rändern etwas Platz lassen.

4. Erst den unteren Rand hochklappen, dann die Seiten darüber klappen und den Salatwickel herstellen.

5. Sofort essen oder mit Holzstäbchen oder Küchengarn den Wrap bis zum Servieren in Form halten.

Steckrüben-Fladenbrote

Vorbereitungszeit: 10 Minuten | **Kochzeit/Herstellung:** 40 Minuten | **Portionen:** 4

Zutaten:

- 250 g Streckrüben
- 120 g geriebener Mozzarella
- 1 Ei (größe XL)
- 1 Stängel Petersilie
- 30 g geriebener junger Gouda
- 3 Esslöffel Dinkelmehl
- ½ Teelöffel Paprikapulver

Zubereitung:

1. Heizen Sie den Backofen auf 225 Grad (Ober-/Unterhitze) und legen Sie ein Backblech mit Backpapier aus. Schälen und raspeln Sie die Schale der Steckrübe.

2. Die geraspelte Rübe mit dem Ei, 30 g Mozzarella, Paprikapulver und Mehl zu einer gleichmäßigen Masse verrühren.

3. Die Masse ca. 0,5 cm dick auf das mit Backpapier ausgelegte Backblech streichen. Im Backofen ca. 15 Minuten backen.

4. Herausnehmen und die Hitze des Ofens auf 200 Grad reduzieren. Die Kuchen auf dem Backblech vorsichtig stürzen. Restlichen Mozzarella und Gouda-Käse darauf verteilen.

5. Weitere 8-10 Minuten backen. Petersilienblätter waschen, trocken schütteln und hacken.

6. Die Küchlein aus dem Ofen nehmen, mit Petersilie bestreuen und zum Servieren in Stücke schneiden.

Frische Buttermilch Pfannkuchen

Vorbereitungszeit: 5 Minuten | **Kochzeit/Herstellung:** 10 Minuten | **Portionen:** 2

Zutaten:

- 1 Prise Salz
- 2 frische Eier, Größe M
- 2 Esslöffel Kokosblütenzucker
- 200 ml reine Buttermilch
- Etwas Kokosöl zum Ausbacken
- Etwas Öl
- 200 g Dinkelmehl

Zubereitung:

1. Im ersten Schritt schlagen Sie die Eier auf und verquirlen das in einer Schüssel.
2. Geben Sie die Buttermilch dazu und verrühren Sie alles gut mit dem Handrührgerät.
3. Geben Sie das Dinkelmehl, den Zucker und etwas Salz zu dem Teig und verrühren Sie alles noch einmal.
4. Etwas Öl in einer Pfanne erhitzen und die Pfannkuchen auf beiden Seiten ausbacken. Anschließend auf Tellern anrichten und servieren.

Tipp: Anstelle der Hühnereier können Sie auch 8 Wachteleier verwenden.

Fruchtiger Guten-Morgen-Smoothie

Vorbereitungszeit: 5 Minuten | **Kochzeit/Herstellung:** 10 Minuten | **Portionen:** 5

Zutaten:

- 1 Esslöffel Agavendicksaft
- 100 g Blaubeeren
- 100 g Kirschen
- 280 ml Kefir

Zubereitung:

1. Waschen Sie zunächst das Obst. Die Kirschen entsteinen und zusammen mit den Blaubeeren in einen Multizerkleinerer geben.
2. Geben Sie den Kefir hinzu und pürieren Sie alles zu einem Saft.
3. Geben Sie etwas Agavensirup in den Smoothie und servieren Sie ihn.

Tipp: Sie können hier auch Johannisbeeren oder Mango verwenden.

Apfel-Smoothie

Vorbereitungszeit:	Kochzeit/Herstellung:	Portionen:
5 Minuten	10 Minuten	1

Zutaten:

- 150 ml Mandelmilch, ungesüßt
- 1 Apfel
- 1 Esslöffel Ahornsirup

Zubereitung:

1. Zuerst den Apfel schälen. Halbieren Sie ihn und entfernen Sie das Kerngehäuse.
2. Schneiden Sie ihn dann in kleine Stücke und geben Sie ihn in einen Mixer.
3. Geben Sie die Mandelmilch und den Ahornsirup hinzu und pürieren Sie alles zu einem Smoothie.

Minzblätter Saft

Vorbereitungszeit:	Kochzeit/Herstellung:	Portionen:
5 Minuten	10 Minuten	5

Zutaten:

- 1 Pfirsich
- 150 g Naturjoghurt (1,5%)
- 50 g Mango-Fruchtfleisch
- frische Minzblätter
- 2 Esslöffel Kokosraspeln

Zubereitung:

1. Waschen Sie den Pfirsich, entfernen Sie den Stein und schneiden Sie ihn in kleine Stücke.
2. Schneiden Sie das Mangofruchtfleisch ebenfalls klein.
3. Geben Sie nun den Joghurt mit den Früchten in eine Rührschüssel. Geben Sie die Kokosraspeln dazu und pürieren Sie alles.
4. Waschen Sie die Minze. Gießen Sie den Smoothie in ein Glas und garnieren Sie ihn mit der Minze.

Grüner Power-Saft

Vorbereitungszeit:	Kochzeit/Herstellung:	Portionen:
5 Minuten	10 Minuten	1

Zutaten:

- 1 Apfel
- ½ Salatgurke
- 125 ml Apfelsaft

Zubereitung:

1. Im ersten Schritt schälen Sie den Apfel, halbieren ihn und entfernen das Kerngehäuse. Dann in kleine Stücke schneiden.
2. Schälen Sie die Gurke und schneiden Sie die in kleine Stücke. Geben Sie nun beides in einen Mixer.
3. Fügen Sie den Apfelsaft hinzu und pürieren Sie alles zusammen. Anrichten und in Gläsern servieren.

Johannisbeer-Smoothie

Vorbereitungszeit: 5 Minuten | **Kochzeit/Herstellung:** 10 Minuten | **Portionen:** 2

Zutaten:

- 200 ml Buttermilch oder Wasser
- 400 g Johannisbeeren
- 1 Esslöffel Ahornsirup

Zubereitung:

1. Waschen Sie zunächst die Johannisbeeren und entfernen Sie den Stiel. Geben Sie nun die Früchte in einen Mixer.

2. Gießen Sie die Buttermilch darüber und pürieren Sie alles.

3. Geben Sie den Ahornsirup dazu und mixen Sie alles noch einmal durch. In Gläser füllen und genießen.

Tipp: Wenn Ihnen der Smoothie zu sauer ist, können Sie auch 1 Esslöffel Ahornsirup hinzufügen.

Histaminarme Puffer

Vorbereitungszeit: 10 Minuten | **Kochzeit/Herstellung:** 15 Minuten | **Portionen:** 30

Zutaten:

- 130 g Hirse
- 8 Esslöffel Kartoffelstärke
- 200 g Möhren
- Rapsöl zum Braten
- 1 Zwiebel
- 1 ½ Teelöffel Salz
- 360 ml Gemüsebrühe (siehe Grundrezept „Gemüsebrühe“ unter Mittagsgerichte)
- 400 g Äpfel
- 100 g Kürbiskerne
- 150 g Karotten

Zubereitung:

1. Erhitzen Sie zunächst die Gemüsebrühe in einem Topf. Waschen Sie die Hirse und lassen Sie ein wenig abtropfen. Dann in die Gemüsebrühe geben und mitkochen. Nehmen Sie die Hirse dann wieder heraus und lassen Sie das abtropfen.

2. In der Zwischenzeit die Äpfel und Möhren schälen und waschen. Dann fein raspeln. Die Zwiebel schälen und würfeln.

3. Zwiebel, Apfel, Karotten und abgetropfte Hirse in einen Mixer geben. Fügen Sie das Salz hinzu und pürieren Sie alles. Die Kürbiskerne grob hacken und zum Teig geben. Geben Sie die Kartoffelstärke zum Teig und formen Sie daraus kleine Puffer.

4. Das Rapsöl in einer Pfanne erhitzen und die Puffer auf beiden Seiten 4 Minuten braten. Dann auf Küchenpapier etwas abtropfen lassen und servieren.

Asia Pfanne

Vorbereitungszeit: 10 Minuten | **Kochzeit/Herstellung:** 20 Minuten | **Portionen:** 4

Zutaten:

- 1 gelbe Zucchini
- Ein wenig Salz
- 2 Möhren
- 1 Brokkoli
- 4 Frühlingszwiebeln
- 400 ml Kokosnussmilch
- Ein wenig Rapsöl
- 120 ml Gemüsebrühe(siehe Grundrezept „Gemüsebrühe“ in Mittagsgerichten)
- 1 Teelöffel Kurkuma
- 100 g Mandelstifte

Zubereitung:

1. Für diesen leckeren Asia-Topf waschen Sie zunächst Zucchini, Frühlingszwiebeln, Brokkoli und Möhren und schneiden sie die in kleine Stücke.

2. Erhitzen Sie nun das Rapsöl in einem Wok und dünsten Sie die Frühlingszwiebeln darin an.

3. Geben Sie nun nacheinander den Brokkoli und die Möhren hinzu und dünsten Sie diese an.

4. Geben Sie die Zucchini zum Wokgemüse und braten Sie alles an.

5. Löschen Sie nun mit der Gemüsebrühe und der Kokosmilch ab. Fügen Sie etwas Salz und Kurkuma hinzu und lassen Sie es köcheln.

6. Geben Sie die Mandelstifte in die Pfanne und lassen Sie alles ca. 15 Minuten garen. Dann auf einem Teller anrichten und servieren.

Maisgrieß-Kräuter Scheiben

Vorbereitungszeit:	Kochzeit/Herstellung:	Portionen:
5 Minuten	15 Minuten	15

Zutaten:

- 1 Prise Meersalz
- 500 ml frische Vollmilch
- 2 Esslöffel Rapsöl zum Braten
- 150 g Maisgrieß (Polenta)
- 6 Esslöffel Mandelbutter
- 3 Esslöffel fein gehacktes Basilikum
- 3 Esslöffel fein gehackter Rosmarin
- 2 Esslöffel gehackte Petersilie

Zubereitung:

1. Geben Sie den Maisgrieß zusammen mit allen anderen Zutaten in einen Kochtopf und lassen Sie alles aufkochen.

2. Unter ständigem Rühren 10 Minuten lang weich kochen.

3. Nun ein Backblech mit Backpapier auslegen und die Polentamasse ca. 1 cm dick darauf verteilen. Kurz abkühlen lassen.

4. Nachdem die Masse fest geworden ist, schneiden Sie Stangen mit einer Breite von etwa zwei Zentimetern aus.

5. Erhitzen Sie anschließend das Rapsöl in der Pfanne und braten Sie die Polentastangen von beiden Seiten knusprig und goldgelb.

Lachs-Blätterteig-Taschen

Vorbereitungszeit:	Kochzeit/Herstellung:	Portionen:
10 Minuten	20 Minuten	20

Zutaten:

- 100 g Frischkäse
- 1 Ei (Größe M) – alternativ 4 Wachteleier
- 1 Plunderteig (aus dem Kühlregal)
- 250 g gefrorener Wildlachs
- 4 Zweige frischer Dill
- 2 Esslöffel Sesamsamen

Zubereitung:

1. Das Wildlachsfilet in einen Gefrierbeutel geben und unter fließendem lauwarmen Wasser schnell auftauen, dann trocken tupfen und in kleine Würfel schneiden.

2. Den Blätterteig ausrollen und mit einer runden Ausstechform oder einem Glas Kreise ausstechen (ca. sieben Zentimeter groß).

3. Den Dill waschen, trocken schütteln, sehr fein schneiden und mit dem Frischkäse verrühren. Nun in die Mitte jedes Blätterteigkreises einen Lachswürfel mit einem Teelöffel Frischkäse geben. Falten Sie ihn zusammen und drücken Sie die Ränder mit den Fingern fest.

4. Legen Sie die Halbkreise auf ein mit Backpapier ausgelegtes Backblech und bestreichen Sie das mit dem Ei. Zum Schluss mit den Sesamkörnern bestreuen und die Blätterteig-Halbkreise im Ofen bei 220 Grad 12-15 Minuten goldbraun backen.

Herbst-Kürbis-Pastetchen

Vorbereitungszeit: 5 Minuten

Kochzeit/Herstellung: 10 Minuten

Portionen: 12

Zutaten:

- 120 g Haferflocken
- 1 Teelöffel Backpulver
- 250 g gekochter Kürbis
- 200 g Frischkäse
- 50 g Butter
- 100 g Maismehl

Zubereitung:

1. Schälen Sie den Kürbis, entfernen Sie die Kerne und schneiden Sie das Fruchtfleisch in kleine Würfel. Dann in kochendes Wasser geben und 20 Minuten lang kochen, bis sie schön weich sind. Dann abgießen und abtropfen lassen.

2. Die Kürbiswürfel mit einer Gabel zerdrücken.

3. Geben Sie nun die Butter, den Frischkäse, das Maismehl, die Haferflocken und das Backpulver zum Kürbis und vermischen Sie alles gründlich miteinander.

4. Formen Sie nun aus dem Teig kleine Taler und legen Sie diese auf ein mit Backpapier ausgelegtes Backblech.

5. Backen Sie die Taler bei 175 Grad für 20 Minuten. Herausnehmen, abkühlen lassen und servieren.

Fluffige Express-Muffins

Vorbereitungszeit: 10 Minuten

Kochzeit/Herstellung: 20 Minuten

Portionen: 6

Zutaten:

- 3 Esslöffel frische Milch
- 2 Teelöffel Weinsteinbackpulver
- 3 Esslöffel Olivenöl
- 2 frische Eier, Größe M
- 1 ½ Teelöffel Salz
- 1 Esslöffel gehackte frische Petersilie
- 200 g Dinkelmehl
- 300 g Ziegenfrischkäse
- 1 Zwiebel
- ½ Zucchini

Zubereitung:

1. Zuerst schälen und hacken Sie die Zwiebel. Dann waschen und raspeln Sie die Zucchini.

2. Geben Sie das Olivenöl zusammen mit den Eiern in eine Rührschüssel und vermischen Sie alles gründlich. Mischen Sie die Zwiebeln, Zucchini, Ziegenfrischkäse und Petersilie unter.

3. In einer separaten Schüssel mischen Sie das Backpulver mit 1 Teelöffel Salz und 200 g Dinkelmehl. Heben Sie diese Mischung nun unter den Ziegenfrischkäseteig. Rühren Sie die Milch unter.

4. Füllen Sie nun die Muffin-Papierförmchen mit diesem Teig. In den Backofen stellen und 15 Minuten bei 200 Grad backen.

Waffeln mit Kräuterduft

Vorbereitungszeit:	Kochzeit/Herstellung:	Portionen:
10 Minuten	25 Minuten	4 - 5

Zutaten:

- 210 ml fettarme Frischmilch
- 1 Zwiebel
- 1 Teelöffel Backpulver
- 1 Teelöffel Salz
- 1 Freilandei oder alternativ 4 Wachteleier
- 70 g Butter
- 50 g Dill

Zubereitung:

1. Zunächst wird die Zwiebel geschält und in kleine Stücke gehackt. Anschließend werden die Kräuter gewaschen und in kleine Stücke geschnitten.
2. Anschließend vermischen Sie die restlichen Rezeptzutaten zu einem glatten Teig und heben die Zwiebel und die frischen Kräuter unter.
3. Backen Sie die Waffeln in einem Waffeleisen goldbraun.

Cremiger Obstsalat mit Hirse

Vorbereitungszeit:	Kochzeit/Herstellung:	Portionen:
20 Minuten	30 Minuten	2

Zutaten:

- ½ Apfel
- 75 g Hirse
- 100 g Sahne
- 50 g Heidelbeeren
- 1 Aprikose
- 1 Melonenstück, beliebig wählbar

Zubereitung:

1. Die Hirse in ¼ l Wasser zugedeckt bei starker Hitze ca. 10 Minuten kochen, durch ein Sieb passieren und anschließend schnell abkühlen lassen.
2. Waschen Sie den Apfel und schneiden Sie ihn ohne Kerngehäuse in feine Würfel.
3. Das Melonenstück schälen, das Kerne entfernen und in mundgerechte Stücke schneiden.
4. Die Aprikose halbieren, vorsichtig vom Stein lösen und in feine Würfel schneiden.
5. Die Heidelbeeren mit dem restlichen Obst in einer Schüssel mischen.
6. Die Hirse zu den Früchten geben und vorsichtig unterheben. Die Sahne steif schlagen und anschließend unter den Salat heben.

Porridge mit Obst

Vorbereitungszeit:	Kochzeit/Herstellung:	Portionen:
5 Minuten	20 Minuten	1

Zutaten:

- 1 Teelöffel Traubenzucker
- 6 Esslöffel Haferflocken (evtl. glutenfrei)
- 100 ml Hafermilch oder Milch
- 1 Teelöffel Flohsamenschalen
- 1 Dattelpflaume oder andere verträgliche Frucht
- 100-200 ml Wasser

Zubereitung:

1. Waschen Sie die Dattelpflaume oder eine andere verträgliche Frucht gut, entfernen Sie ggf. das Kerngehäuse und schneiden Sie die in mundgerechte Stücke. In einer Pfanne oder einem kleinen Topf die Haferflocken zusammen mit dem Traubenzucker, den Flohsamenschalen, der Hafermilch und der Hälfte des Wassers unter ständigem rühren zum Kochen bringen.

2. Schalten Sie den Herd aus, sobald die gesamte Mischung gekocht hat. Je nach gewünschter Konsistenz des Breies mehr Wasser zugeben und gründlich einrühren.

3. Gießen Sie den Brei in eine Schüssel und richten Sie das Obst dekorativ darauf an. Sofort servieren.

Kokosnuss-Müsli mit fruchtiger Note

Vorbereitungszeit:	Kochzeit/Herstellung:	Portionen:
10 Minuten	20 Minuten	6

Zutaten:

- 50 g Kokosnussöl
- 150 g Haferflocken
- 50 g Kokosnuss
- 150 g Haferflocken
- 6 Esslöffel Ahornsirup
- 3 Teelöffel Heidelbeer-Fruchtpulver (optional)

Zubereitung:

1. Zuerst muss der Backofen auf 200 Grad vorgeheizt werden.

2. Dann die Haferflocken gut mit den Kokosraspeln vermischen. Das Kokosöl vorsichtig in einem Topf schmelzen und dann mit dem Ahornsirup und ggf. dem Fruchtpulver unter ständigem Rühren gut vermischen.

3. Anschließend alles in einer großen Schüssel verrühren, bis die Haferflocken vollständig benetzt sind.

4. Geben Sie nun die Masse auf ein mit Backpapier ausgelegtes Backblech und drücken Sie das leicht an. Schieben Sie das Bachblech in den Ofen und lassen Sie es ca. 7 Minuten backen. Dann das Müsli mit einem Löffel gut umrühren und nochmals 5 Minuten backen.

5. Zum Schluss das Müsli gut abkühlen lassen, in kleine Stücke brechen und in ein luftdicht verschließbares Gefäß geben.

Hinweis: Solange keine weiteren Zutaten im Fruchtpulver aufgeführt sind, ist es histaminarm. Wenn jedoch histaminhaltige Zutaten angegeben sind, kann das Fruchtpulver auch weggelassen werden. Bei Bedarf kann stattdessen jede verträgliche Frucht hinzugefügt werden.

Leckeres Topfbrot

Vorbereitungszeit:	Kochzeit/Herstellung:	Portionen:
20 Minuten	1 Stunde	16

Zutaten:

- 100 g Roggenmehl
- 300 g Dinkelmehl
- 1 ½ Teelöffel Salz
- ½ Teelöffel Trockenhefe
- 350 ml Wasser (lauwarm)

Zubereitung:

1. Zuerst Weizen- und Roggenmehl mit Salz und der Trockenhefe in einer großen Schüssel mit einem Löffel vermischen. Die Schüssel sollte groß genug sein, damit der Teig gut aufgehen kann. Dann fügen Sie das lauwarme Wasser hinzu und rühren alles gut um, bis kein trockenes Mehl mehr vorhanden ist.

2. Dann die Schüssel mit Frischhaltefolie oder einem Küchentuch abdecken und mindestens 12 Stunden bei Zimmertemperatur gehen lassen.

3. Nach dem Gehen den Teig auf einer mit Mehl bestäubten Fläche auslegen und andrücken. Nun den Teig von allen Seiten in der Mitte durchkneten.

4. Dann stellen Sie den Glastopf ohne den Teig in den Backofen und heizen den Ofen auf 230 Grad vor. Nach dem Aufheizen nehmen Sie den Glastopf vorsichtig heraus und legen ein Backpapier hinein.

5. Überschüssiges Backpapier abschneiden. Dann den Teig in den Glastopf geben, mit einem passenden Deckel abdecken, in den Backofen stellen und backen. Nach ca. 40 Minuten den Deckel abnehmen und das Brot noch ca. 10 Minuten bei niedriger Temperatur backen lassen. Zum Schluss nehmen Sie das Brot erst aus dem Ofen, dann aus dem Topf und lassen es gut abkühlen.

Hinweis: Das Rezept enthält zwar Hefe, aber nur eine sehr geringe Menge. Diese wird in der Regel von Menschen mit einer Histaminintoleranz gut vertragen. Trotzdem sollte sich jeder trauen, sich langsam und vorsichtig heranzutasten. Sollte die Hefe nicht verträglich sein, kann sie auch durch ein Päckchen Backpulver ersetzt werden. Dann gibt es keine Ruhezeit und das Brot kann direkt gebacken werden. Übrigens: Die Unverträglichkeit von Hefe ist noch nicht abschließend geklärt. Aus verschiedenen Quellen hört man unterschiedliche Ansichten.

Scones - Spezialbrötchen

Vorbereitungszeit:	Kochzeit/Herstellung:	Portionen:
10 Minuten	20 Minuten	8

Zutaten:

- 250 g Dinkelmehl
- 1 Päckchen Weinstein
- 1 Päckchen Backpulver
- 1 Prise Salz
- 60 g Butter
- 150 ml Milch

Zum Bestreichen:

- 1 Ei
- 1 Esslöffel Milch

Zubereitung:

1. Mischen Sie das Mehl mit einer Prise Salz und dem Backpulver. Geben Sie dann die Butter dazu und kneten Sie alles mit den Händen zu einem krümeligen Teig. Vorsichtig die Milch dazugeben und mit einem Löffel gut verrühren.

2. Dann den Teig auf eine mit Dinkelmehl bestäubte Arbeitsfläche geben und zu einem Kreis zusammendrücken. Der Teig darf nicht noch einmal geknetet werden. Mit einem Messer ca. 8 Portionen aus dem Teig formen und auf ein mit Backpapier ausgelegtes Backblech legen.

3. Verquirlen Sie nun das Ei mit etwas Milch und bestreichen Sie die Scones damit. Heizen Sie den Backofen auf 180 Grad vor und backen Sie die Scones ca. 15 Minuten.

4. Genießen Sie sie mit einer Clotted Cream und ggf. passender Marmelade.

Hinweis: Die Scones können durch Zugabe von kompatiblen Lebensmitteln an die eigenen Bedürfnisse angepasst werden. Zum Beispiel können Blaubeeren, Feta oder auch Paprikastücke hinzugefügt werden. Fügen Sie diese bei der Herstellung des Teigs hinzu und verarbeiten Sie sie mit.

Frühstücks-Cupcakes

Vorbereitungszeit:	Kochzeit/Herstellung:	Portionen:
10 Minuten	35 Minuten	12

Zutaten:

- 125 g Heidelbeeren
- 40 ml Milch
- 30 g zarte Haferflocken
- 2 Eier
- 50 ml Rapsöl
- 160 g Apfelmus
- 5 g Weinsteinbackpulver
- 125 g Dinkelmehl

Zubereitung:

1. Lassen Sie zunächst die Haferflocken in der Milch gut quellen. In der Zwischenzeit das Öl mit den Eiern für ca. 3 Minuten schaumig schlagen. Dann das Apfelmus und die aufgeweichten Haferflocken sowie die Milch hinzufügen und gut unterrühren.

2. Das Weinsteinbackpulver zum Mehl geben, mischen und unter die Masse rühren. Zum Schluss die Hälfte der Heidelbeeren vorsichtig unterheben. Ein Muffinblech entweder mit Backförmchen auslegen oder gut einfetten.

3. Füllen Sie nun ein bis zwei Esslöffel des Teigs in die Förmchen. Verteilen Sie die restlichen Heidelbeeren auf den Muffins und backen Sie alles im vorgeheizten Backofen bei 175 Grad für etwa 20 Minuten.

Hinweis: Verwenden Sie am besten selbstgemachtes Apfelmus, da die Industrie gerne Zitronensäure als Konservierungsmittel verwendet und dies bei manchen Menschen Symptome verursachen kann.

Croissants zum Frühstück

Vorbereitungszeit:	Kochzeit/Herstellung:	Portionen:
10 Minuten	30 Minuten	4

Zutaten:

- 1 Prise Zucker
- 1 Ei
- 50 g Zucker
- 150 g Quark
- 1 Eigelb zum Bestreichen
- 1 Prise Salz
- 3 Esslöffel Rapsöl
- 220 g Dinkelmehl
- 1 Teelöffel Backpulver
- 2 Esslöffel Milch

Zubereitung:

1. Geben Sie alle Zutaten in eine Schüssel und verrühren Sie sie mit einem Handrührgerät zu einem glatten Teig. Nehmen Sie den Teig dann aus der Schüssel und breiten Sie ihn auf der Arbeitsfläche kreisförmig aus. Vierteln Sie den Teig und rollen Sie jedes Viertel von außen nach innen zu einem Hörnchen.

2. Legen Sie ein Backblech mit Backpapier aus und verteilen Sie die Hörnchen darauf. Trennen Sie das Ei und verrühren Sie das Eigelb gut mit der Milch. Dann die Mischung auf die Kipferl streichen. Die Croissants im vorgeheizten Backofen bei 220 Grad ca.

3. 5 Minuten backen, dann den Ofen auf 180 Grad reduzieren und die Croissants weitere 15 Minuten backen lassen.

4. Nach dem Backen die Croissants auf einem Gitterrost abkühlen lassen und am besten frisch genießen. Hinweis: Die Croissants können mit oder ohne Belag genossen werden. Wenn Sie ein herzhaftes Frühstück bevorzugen, können Sie den Zucker einfach um die Hälfte reduzieren und den Kristallzucker weglassen.

Rhabarber-Gelee

Vorbereitungszeit:	Kochzeit/Herstellung:	Portionen:
10 Minuten	25 Minuten	8

Zutaten:

- 280 g Dinkelmehl
- 50 g brauner Zucker
- 10 g Weinstein Backpulver
- 1 Prise Salz
- 100 g kalte Butter
- 150 ml Schlagsahne
- 50 ml Milch
- 300 g Heidelbeeren
- 1 Ei (für den Glanz)
- 1 Rhabarber

Zubereitung:

1. Schälen Sie zunächst den Rhabarber und schneiden Sie ihn in kleine Stücke. Geben Sie 500 ml Wasser, den Zucker und den Rhabarber in einen Kochtopf.

2. Lassen Sie alles ca. 10 Minuten bei mittlerer Hitze köcheln. Ein Küchentuch in ein Sieb legen und über eine Schüssel stülpen. Den weichgekochten Rhabarber mit Saft in das Küchentuch geben und ca. 60 Minuten abtropfen lassen.

3. Messen Sie 750 ml des Saftes ab. Den Rest können Sie als Schorle mit Wasser vermischt trinken. Kochen Sie den Rhabarbersaft mit dem Gelierzucker nach Packungsanweisung ein. In Marmeladengläser füllen und sofort verschließen.

4. Lagern Sie die abgekühlten Gläser an einem kühlen, trockenen Ort.

Hinweis: Wem die Arbeitszeitzeit zu lang erscheint, kann auch direkt gepressten Rhabarbersaft kaufen. Achten Sie aber darauf, dass der Rhabarbersaft natürlich und unbehandelt ist und zu 100 % aus Rhabarber besteht.

Royale Scones

Vorbereitungszeit: 10 Minuten | **Kochzeit/Herstellung:** 25 Minuten | **Portionen:** 4

Zutaten:

- 300 g Heidelbeeren
- 100 g kalte Butter
- 50 g brauner Zucker
- 10 g Weinstein Backpulver
- 1 Prise Salz
- 50 ml Milch
- 280 g Dinkelmehl
- 150 ml Schlagsahne
- 1 Ei (für den Glanz)

Zubereitung:

1. Mischen Sie zunächst das Salz, Backpulver, Zucker und Mehl in einer Schüssel. Die kalte Butter hinzufügen und mit den Händen gut durchkneten, bis alles gut vermischt ist. In einer weiteren Schüssel die Milch und die Sahne mischen und locker unterheben.

2. Die Masse darf auf keinen Fall geknetet werden.Verarbeiten Sie die Heidelbeeren auf die gleiche Weise. Legen Sie den Teig anschließend auf einer bemehlten Arbeitsfläche kreisförmig aus. Bitte nicht nochmals durchkneten. Teilen Sie den Teig mit einem Messer in acht gleich große Dreiecke und verteilen Sie diese auf einem mit Backpapier ausgelegten Backblech.

3. Anschließend das Ei gut verquirlen und mit einem Pinsel auf die Scones streichen. Zum Schluss werden die Scones im vorgeheizten Backofen bei 220 Grad ca. 12-15 Minuten gebacken.

Leckerer Toast

Vorbereitungszeit: 15 Minuten | **Kochzeit/Herstellung:** 3 Stunden 20 Minuten | **Portionen:** 1

Zutaten:

- 200 ml lauwarmes Wasser
- 500 g Dinkelmehl
- 100 ml Milch
- 30 g Butter
- 1 Teelöffel Salz
- 2 Teelöffel Zucker
- 20 g frische Hefe

Für zwei Scheiben:

- 1 kleine Rote Bete
- 1 Teelöffel Crème fraîche
- 1 Rolle Ziegenkäse
- 1 Apfel

Zubereitung:

1. Mischen Sie das Mehl, die Butter und einen Teelöffel Salz in einer Schüssel. In einer anderen Schüssel das lauwarme Wasser mit der Milch und der Hefe gut verquirlen, bis sie sich aufgelöst hat.

2. Geben Sie den Zucker hinzu und verrühren Sie alles gut. Nun den Inhalt beider Schüsseln gut miteinander vermischen und zu einem glatten Teig kneten. Das funktioniert am besten, wenn Sie zuerst mit dem Knethaken des Handrührgerätes und dann mit den 4. Händen kneten. Die Knetzeit sollte 8-10 Minuten betragen. Anschließend den Teig ca. 60 Minuten gehen lassen. Währenddessen den Backofen auf 200 Grad vorheizen und die Backform einfetten und mit Fett auspinseln.

3. Den aufgegangenen Teig in die Backform geben und in der Mitte des Teiges einen ca. 1 cm tiefen Einschnitt machen. Dann die Form für ca. 5 Minuten in den Backofen stellen und backen lassen. Dann die Temperatur deutlich reduzieren und das Brot bei niedriger Temperatur ca. 40 Minuten backen, bis sich eine hellbraune Oberfläche bildet.

4. Nach dem Backen lassen Sie das Toastbrot vollständig auskühlen, schneiden es an und legen es auf einen Teller. Buttertoast belegen: Etwas Crème fraîche zusammen mit der Roten Bete pürieren, als Aufstrich auf den getoasteten Toast streichen und mit Apfelspalten und Ziegenkäse garnieren. Den getoasteten Toast im Backofen oder in der Mikrowelle ca. 5 Minuten überbacken.

Hinweis: Das Rezept enthält zwar Hefe, aber nur eine sehr geringe Menge. In der Regel wird diese von Menschen mit einer Histaminintoleranz gut vertragen. Dennoch sollte sich jeder langsam und vorsichtig herantasten. Sollte die Hefe nicht verträglich sein, kann sie auch durch ein Päckchen Backpulver ersetzt werden. Hier entfällt allerdings die Ruhezeit und das Brot kann direkt gebacken werden.

Übrigens: Die Unverträglichkeit von Hefe ist noch nicht abschließend geklärt. Aus verschiedenen Quellen hört man unterschiedliche Ansichten.

Granatapfel-Gelee

Vorbereitungszeit:	Kochzeit/Herstellung:	Portionen:
10 Minuten	30 Minuten	5

Zutaten:

- 10 g Apfelpektin
- 200 ml Apfelsaft
- 300 g Granatapfelkerne (ca. 2 Stück)
- 300 g Zucker

Zubereitung:

1. Bei frischen Granatäpfeln entfernen Sie zunächst die Kerne aus den Äpfeln. Erwärmen Sie die Kerne zusammen mit dem Apfelsaft in einem Topf leicht, aber lassen Sie sie auf keinen Fall kochen.

2. Legen Sie dann ein Geschirrtuch in ein Sieb und stellen Sie beides zusammen auf eine Schüssel. Gießen Sie nun den Granatapfelsaft in das Sieb und drücken Sie alles gut aus, bis sich die gesamte Flüssigkeit in der Schüssel gesammelt hat. Füllen Sie den Saft mit Wasser bis zu einer Menge von 500 ml auf.

3. Geben Sie 250 g Zucker in die Flüssigkeit und bringen Sie alles ca. 5 Minuten zum Kochen.

4. Geben Sie dann das Pektin und die restlichen 50 g Zucker in die Flüssigkeit und kochen Sie eine weitere Minute. Prüfen Sie, ob die Masse geliert ist und füllen Sie das Gelee dann in saubere Gläser.

5. Verschließen Sie die Gläser sofort nach dem Abfüllen fest und lassen Sie sie ca. 3 Minuten auf dem Kopf stehen. Dann die Gläser wieder umdrehen und vollständig auskühlen lassen. Hinweis: Nicht jeder verträgt Apfelsaft gleich gut. Wenn Sie ein Problem mit Apfelsaft haben und er für Sie nicht bekömmlich ist, dann ersetzen Sie die Apfelsaftmenge einfach durch Wasser.

Knuspriges Apfelmüsli

Vorbereitungszeit:	Kochzeit/Herstellung:	Portionen:
15 Minuten	40 Minuten	4

Zutaten:

- 40 g getrocknete Apfelchips
- 50 g Haferkleie
- 250g 5-Korn-Flocken(oder Haferflocken)
- 50 g Rapsöl
- 100 g Apfelmus
- 40 g Roh-Rohrzucker

Zubereitung:

1. Mischen Sie zunächst die 5-Korn-Flocken in einer Schüssel mit der Haferkleie und dem Apfelmus. Erhitzen Sie den Rohrzucker und das Rapsöl, bis der Zucker geschmolzen ist.

2. Dann gießen Sie die erhitzte Masse über die Flocken und mischen alles gut durch, bis jede Flocke befeuchtet ist. Nun das Müsli auf einem mit Backpapier ausgelegten Backblech verteilen und Nun das Müsli auf einem mit Backpapier ausgelegten Backblech verteilen und leicht andrücken.

3. Heizen Sie den Backofen auf 175 Grad vor und backen Sie die Flocken für 12 Minuten auf jeder Seite. Lassen Sie das Apfel-Knuspermüsli vollständig auskühlen und mischen Sie es mit den gebrochenen Apfelchips.

Hinweis: Wenn das Müsli luftdicht verpackt wird, ist es bis zu vier Wochen haltbar. Auch hier sollten Sie das Apfelmus genau prüfen. Es sollte keine Zitronensäure oder Zitronensaft enthalten. Im Zweifelsfall stellen Sie das Apfelmus selbst her.

Mini-Vollkorn Flammkuchen

Vorbereitungszeit:	Kochzeit/Herstellung:	Portionen:
5 Minuten	20 Minuten	4

Zutaten:

- 180 g Zucchini
- 350 g Weizenvollkornmehl
- 1 Prise Salz
- 1 Prise weißer Pfeffer zum Abschmecken
- 80 g gekochter Schinken
- 100 g Frischkäse

Zubereitung:

1. Zu Geben Sie das Weizenvollkornmehl zusammen mit 120 ml Wasser und einer Prise Salz in eine Küchenschüssel und kneten Sie alles zu einem Teig. Dann lassen Sie den Teig 20 Minuten ruhen. Rollen Sie den Teig zu dicken Fladen (fünf Millimeter) aus und legen Sie diese auf ein mit Backpapier ausgelegtes Backblech.

2. Waschen und putzen Sie die Zucchini und schneiden Sie sie der Länge nach durch. Dann die Zucchini in dünne Scheiben schneiden. Den gekochten Schinken würfeln und den Flammkuchen mit dem Frischkäse bestreichen.

3. Die gekochten Schinkenwürfel und die Zucchinischeiben darauf verteilen. Würzen Sie den Mini-Flammkuchen mit einer Prise Salz und weißem Pfeffer. Im Anschluss schalten Sie den Backofen an und backen Sie 12 bis 15 Minuten bei 200 Grad.

Espresso Granola

Vorbereitungszeit:	Kochzeit/Herstellung:	Portionen:
10 Minuten	30 Minuten	1

Zutaten:

- 100 g weiße Schokolade
- 2 EL Zuckerrübensirup
- 250g 5-Korn-Flocken,alternativ Haferflocken
- 2 Esslöffel Rapsöl
- 50 g Haferkleie
- 6 Esslöffel kalter Espresso
- 1 Esslöffel Rohrzucker

Zubereitung:

1. Geben Sie zunächst die Flocken mit der Haferkleie in eine Schüssel und mischen Sie sie gut. Kochen Sie den Espresso auf und lassen Sie ihn vollständig abkühlen. Dann mit dem Rapsöl, dem Zuckerrübensirup und dem Rohrzucker gut vermischen.

2. Nun alles über die Flocken gießen und ebenfalls gut vermischen. Heizen Sie den Backofen auf 175 Grad vor und legen Sie ein Backblech mit Backpapier aus. Verteilen Sie die Mischung gut darauf. Nun alles für ca. 15-20 Minuten backen und anschließend gut auskühlen lassen. Portionieren Sie das Müsli nach Belieben und genießen Sie es.

Hinweis: Nicht jeder verträgt Espresso oder weiße Schokolade. Gehen Sie daher bitte vorsichtig an das Rezept heran! Lassen Sie ggf. die weiße Schokolade oder den Espresso weg. Wenn das Müsli luftdicht verpackt wird, ist es bis zu vier Wochen haltbar. Um das Müsli schneller abkühlen zu lassen, können Sie kalte Tücher unter das Backblech legen und es so schneller abkühlen lassen. Die Tücher müssen jedoch regelmäßig gewechselt werden.

Buchstaben-Brei

Vorbereitungszeit: 10 Minuten | **Kochzeit/Herstellung:** 15 Minuten | **Portionen:** 2

Zutaten:

- 50 g Pfirsich
- 85 g Dinkelflocken
- 1 Esslöffel Honig
- ein wenig Mandelmilch
- 50 g Heidelbeeren
- 2 Teelöffel Leinsamen
- 2 Teelöffel Chiasamen
- 1 Aprikose

Zubereitung:

1. Mischen Sie zunächst die Haferflocken gut mit der Flüssigkeit Ihrer Wahl und köcheln Sie alles bei niedriger Hitze für etwa 5-10.

2. Geben Sie die Chiasamen und die Leinsamen hinzu.Waschen und schneiden Sie das Obst gut und garnieren Sie es auf dem Porridge.

3. Zum Schluss noch etwas Honig auf den Porridge tropfen lassen und warm genießen.

Hinweis: Der Honig kann leicht durch Reissirup und die Pflanzenmilch durch Wasser oder andere Pflanzenmilch ersetzt werden.

Zuckermais

Vorbereitungszeit: 10 Minuten | **Kochzeit/Herstellung:** 45 Minuten | **Portionen:** 4

Zutaten:

- 1,5 l ungesüßte Mandelmilch
- 500 ml Wasser
- 10 g Butter
- 1 Prise Salz
- 1 Prise Zucker
- 160 g Polenta / Maisgrieß
- etwas Zimt nach eigenem Geschmack
- etwas Honig nach eigenem Geschmack

Zubereitung:

1. Die Butter in einem Topf mit hohem Rand erhitzen. Mandelmilch hinzufügen und vorsichtig zum Kochen bringen. Das Maismehl mit dem Wasser anrühren und unter ständigem Rühren einkochen lassen.

2. Es entsteht eine wohlschmeckende Kruste am Boden, die in Tirol "Prinze" genannt wird. Dann die Pfanne vom Herd nehmen, das Obst dazugeben und gut umrühren.

3. Zum Schluss alles mit Zimt und Zucker oder Süßstoff süßen und genießen.

Hinweis: Wenn es klumpt - haben Sie nicht genug gerührt, aber das macht nichts. Pürieren Sie die Masse einmal, bevor Sie das Obst dazugeben.

Bircher Müsli

Vorbereitungszeit:	Kochzeit/Herstellung:	Portionen:
10 Minuten	20 Minuten	2

Zutaten:

- 2 Teelöffel Leinsamen
- 80 g Haferflocken
- 125 ml Apfelsaft
- 30 g Rosinen
- Zitronensaft
- 30 g kompatible Nüsse (optional)
- 120 g Weintrauben
- 200 g Apfel, geraspelt
- 250 g Joghurt, alternativ
- 1 Frischkäse
- etwas Honig zum Süßen
- 50 g Heidelbeeren
- 1 Teelöffel Chiasamen
- 1 Esslöffel Kürbiskerne

Zubereitung:

1. Rosinen, Getreideflocken (grob oder feinblättrig), grob gehackte Nüsse und Apfelsaft in einer Schüssel mischen und über Nacht ziehen oder quellen lassen.

2. Am nächsten Tag: Waschen Sie die Äpfel gut und reiben Sie sie mit einer Küchenreibe. Bei Bedarf kann der Apfel geschält und mit Zitronensaft beträufelt werden, damit er nicht braun wird - beides ist aber nicht nötig (schälen und beträufeln).

3. Dann putzen Sie die Weintrauben, schneiden sie in zwei Hälften und entfernen ggf. die Kerne.

4. Zum Schluss die Masse gut mit dem Joghurt und der sauren Sahne verrühren und in geeigneten Schalen servieren.

Hinweis: Das Müsli lässt sich wunderbar mit verschiedenen Früchten verfeinern, z.B. mit Heidelbeeren, Pfirsichen, Leinsamen, Kürbiskernen, Sonnenblumenkernen und vielem mehr.

Das Müsli schmeckt auch sehr gut mit einem griechischem Joghurt - allerdings ist es dann sehr reichhaltig, da der Fettgehalt höher ist als bei einem normalen Joghurt. Wenn das Bircher-Müsli zu fest ist, fügen Sie einfach etwas mehr Milch /Pflanzenmilch oder Joghurt/Frischkäse hinzu. Das Müsli schmeckt auch sehr gut mit griechischem Joghurt - allerdings ist es dann sehr reichhaltig, da der Fettgehalt höher ist als bei normalem Joghurt. Wenn das Bircher-Müsli zu fest ist, fügen Sie einfach etwas mehr Milch /Pflanzenmilch oder Joghurt/ Frischkäse hinzu.

Kokosnuss-Grieß

Vorbereitungszeit:	Kochzeit/Herstellung:	Portionen:
10 Minuten	15 Minuten	2

Zutaten:

- etwas Butter
- 50 g Dinkelgrieß
- 500 ml Kokosnussmilch
- 4 Esslöffel Kokosraspeln
- 40 g Traubenzucker
- etwas Zimt zum Bestreuen
- 1 Prise Salz

Zubereitung:

1. Erhitzen Sie die Kokosnussmilch in einem Topf und rühren Sie das Salz, den Reissirup (wenn Sie Haushaltszucker oder Honig verwenden, nehmen Sie nur 30 g) und die Butter ein.

2. Sobald die Kokosnussmilch erhitzt ist, fügen Sie den Grieß hinzu und rühren Sie gut um, bis alles vollständig aufgelöst ist. Kochen Sie die Mischung bei starker Hitze unter ständigem Rühren, bis sie dickflüssig wird.

3. Dann die Temperatur reduzieren, die Kokosflocken zugeben und alles einige Minuten köcheln lassen.

4. Sobald die Masse nicht mehr vom Löffel tropft, ist sie fertig. Den Grießbrei in geeignete Schalen geben und servieren. Bei Bedarf kann der Grießbrei mit Kokosraspeln garniert werden.

Karotten-Rösti

Vorbereitungszeit: 5 Minuten | **Kochzeit/Herstellung:** 20 Minuten | **Portionen:** 10

Zutaten:

- 1 Eigelb
- 1 Prise Muskatnusspulver
- 3 Esslöffel Rapsöl
- 200 g festkochende Kartoffeln
- 150 g Mohrrüben
- 4 Esslöffel Dinkelmehl
- 1 Prise Meersalz
- 2 Esslöffel gehackte Kräuter
- 1 Karotte

Zubereitung:

1. Für die Rösti schälen und raspeln Sie zunächst die Kartoffeln und Möhren.

2. In einer Rührschüssel mischen Sie die geriebenen Kartoffeln mit dem Eigelb, dem Dinkelmehl, der geriebenen Karotte, den gehackten Kräutern und einer Prise Meersalz und weißem Pfeffer. Zum Schluss noch eine Prise Muskatnuss dazugeben.

3. Anschließend zehn Kugeln daraus formen und zu einem Taler flachdrücken.

4. Geben Sie nun das Rapsöl in eine Pfanne und backen Sie die Puffer nacheinander für 10 bis 15 Minuten. Wenden Sie die Puffer zwischendurch immer einmal.

5. Anschließend die Rösti anrichten und servieren.

Tipp: Diese Karotten-Rösti sind nicht nur ein toller Snack für zwischendurch, sondern passen auch hervorragend zu einem frischen grünen Salat.

Sellerie und Dattel Smoothie

Vorbereitungszeit: 10 Minuten | **Kochzeit/Herstellung:** 5 Minuten | **Portionen:** 2

Zutaten:

- 2 Äpfel
- 200 ml Reismilch
- 70 g Stangensellerie
- 40 g getrocknete Datteln
- 2 Esslöffel zarte Haferflocken

Zubereitung:

1. Waschen Sie die Äpfel, entkernen und würfeln. Waschen Sie die getrockneten Datteln, tupfen Sie sie mit Küchenpapier trocken und geben Sie sie in das Müsli. Im Anschluss alles mischen und genießen.

Fruchtiger Quark-Smoothie

Vorbereitungszeit: 10 Minuten | **Kochzeit/Herstellung:** 35 Minuten | **Portionen:** 1

Zutaten:

- 300 g Honigmelone
- 1 weiche Dattel
- 80 g Magerquark

Zubereitung:

1. Das Fruchtfleisch der Melone abkratzen und in kleine Stücke schneiden. Das Melonenpulpe und der Rest der Zutaten werden zu einem Püree verarbeitet. Den fertigen Milchshake anrichten.

Mango Quark Smoothie

Vorbereitungszeit:	Kochzeit/Herstellung:	Portionen:
10 Minuten	25 Minuten	1

Zutaten:

- 60 g Mango
- 1 Teelöffel Zucker
- 60 g Magerquark (fettarm)
- 30 ml Milch (1,5% Fett)

Zubereitung:

1. Die Mango schälen und in dünne Scheiben schneiden. Das Fruchtfleisch wird mit Zucker, Quark und Milch gemischt und dann püriert.

Chia-Quark-Smoothie

Vorbereitungszeit:	Kochzeit/Herstellung:	Portionen:
10 Minuten	20 Minuten	1

Zutaten:

- 1 Esslöffel Chiasamen
- ½ Teelöffel Honig
- ½ Vanilleschote
- 80 g Magerquark (fettarm)
- 200 ml Milch (1,5%)

Zubereitung:

1. Mischen Sie die Chiasamen mit Wasser und lassen Sie sie über Nacht einweichen. Die Samen werden dann aus dem Wasser entfernt und mit den restlichen Zutaten in einer Schüssel gemischt. Die Mischung pürieren und in ein Glas gießen.

Roter Smoothie

Vorbereitungszeit:	Kochzeit/Herstellung:	Portionen:
10 Minuten	15 Minuten	1

Zutaten:

- 60 g frische Rote Beete
- 1 Prise Pfeffer
- 60 g Staudensellerie
- 200 ml Apfelsaft

Zubereitung:

1. Den Sellerie waschen und in Streifen schneiden.
2. Rote Beete schälen und schneiden, beides zusammen pürieren
3. Dann Apfelsaft hinzufügen und mit Pfeffer würzen.
4. Gießen Sie den Smoothie erneut und servieren Sie ihn auf dem Tisch.

Ingwer-Gurken-Smoothie

Vorbereitungszeit:	Kochzeit/Herstellung:	Portionen:
15 Minuten	ca. 1 Stunde	2

Zutaten:

- 1 Salatgurke
- Etwas Ingwer
- ¼ Endiviensalat
- 1 Chicoree
- 2 Möhren
- 1 Karotte

Zubereitung:

1. Gurke waschen und in kleine Stücke schneiden.
2. Karotte und Ingwer schälen und in kleine Stücke schneiden.
3. Den Chicorée waschen, den Stiel entfernen und in kleine Stücke schneiden.
4. Alle Zutaten mischen und pürieren.

Mango-Melonen-Smoothie

Vorbereitungszeit:	Kochzeit/Herstellung:	Portionen:
10 Minuten	30 Minuten	2

Zutaten:

- 1 Mango
- 500 ml Wasser
- 250 g Wassermelone
- 150 g Kopfsalat

Zubereitung:

1. Die Mango schälen und das Fruchtfleisch in kleine Stücke schneiden. Die Wassermelone ebenso in kleine Stücke schneiden.
2. Das Fruchtfleisch von den Samen abkratzen und in kleine Stücke schneiden.
3. Waschen Sie den Salat und entfernen Sie die Blätter.
4. Mischen Sie alle Zutaten mit etwas Wasser, um ein Püree zu erhalten

Brokkoli-Smoothie

Vorbereitungszeit:	Kochzeit/Herstellung:	Portionen:
10 Minuten	30 Minuten	1

Zutaten:

- ½ Salatgurke
- 150 g Kopfsalat
- 150 g Brokkoli
- 250 ml Wasser

Zubereitung:

1. Salat, Gurke und Brokkoli waschen. Den Brokkoli in Röschen schneiden.
2. Die Gurke in kleine Stücke schneiden. Danach die Salatblätter trennen. Alle Zutaten mischen und Wasser hinzufügen.
3. Schneiden Sie sie in Püree und legen Sie sie in ein hohes Glas.

Sellerie-Kirsch-Smoothie

Vorbereitungszeit:	Kochzeit/Herstellung:	Portionen:
5 Minuten	15 Minuten	1

Zutaten:

- 100 g Kirschen
- Etwas Wasser
- 1 Pfirsich
- 100 g Staudensellerie
- 100 g Grünkohl

Zubereitung:

1. Waschen und entsteinen Sie zunächst die Kirschen. Waschen und entkernen Sie den Pfirsich und schneiden Sie das Fruchtfleisch in kleine Stücke.

2. Waschen Sie den Grünkohl und den Staudensellerie. Schneiden Sie beides in kleine Stücke.

3. Alle Zutaten mischen und fein pürieren. Den fertigen Smoothie anrichten.Waschen und entsteinen Sie zunächst die Kirschen.

4. Waschen und entkernen Sie den Pfirsich und schneiden Sie das Fruchtfleisch in kleine Stücke. Waschen Sie den Grünkohl und den Staudensellerie.

5. Schneiden Sie beides in kleine Stücke. Alle Zutaten mischen und fein pürieren. Den fertigen Smoothie anrichten.

Pfirsich-Smoothie

Vorbereitungszeit:	Kochzeit/Herstellung:	Portionen:
10 Minuten	20 Minuten	2

Zutaten:

- 2 Aprikosen
- 1 Pfirsich
- 1 Nektarine
- 200 ml Pfirsichnektar

Zubereitung:

1. Früchte waschen, entkernen und schneiden.

2. Mischen Sie dies mit Wasser und Nektar.

3. Die Mischung wird dann zu einem essfertigen Smoothie verarbeitet.

Minz-Smoothie

Vorbereitungszeit:	Kochzeit/Herstellung:	Portionen:
5 Minuten	10 Minuten	1

Zutaten:

- 200 g Rucola
- 150 ml Wasser
- 50 g Zitronenmelisse
- 100 g Minze

Zubereitung:

1. Zitronenmelisse, Minze und Rucola waschen.

2. Dann Wasser hinzufügen und die Mischung pürieren.

3. Ordnen Sie und liefern Sie den fertigen Milchshake.

Kirsche-Minze-Smoothie

Vorbereitungszeit:	Kochzeit/Herstellung:	Portionen:
10 Minuten	20 Minuten	1

Zutaten:

- 100 g Kirschen
- 100 ml Mineralwasser
- 30 g Minze
- 50 ml Milch (1,5%)
- 100 g Sauerkirschen

Zubereitung:

1. Die Minze waschen und in kleine Stücke schneiden. Waschen Sie die Kirschen und entfernen Sie gegebenenfalls Steine. Es kann mit Milch zu Püree verarbeitet werden. Zum Schluss Wasser hinzufügen und erneut mischen.

Hafer-Blaubeer-Smoothie

Vorbereitungszeit:	Kochzeit/Herstellung:	Portionen:
5 Minuten	10 Minuten	1

Zutaten:

- 50 g Blaubeeren
- 1 Esslöffel Agavendicksaft
- 1 Apfel
- 1 Esslöffel Haferflocken
- 50 ml Milch (1,5%)

Zubereitung:

1. Blaubeeren waschen.
2. Waschen Sie den Apfel, den Kern und die Würfel.
3. Mit Milch, Agavensirup, Haferflocken und Fruchtpüree mischen.

Aprikosen-Smoothie

Vorbereitungszeit:	Kochzeit/Herstellung:	Portionen:
5 Minuten	10 Minuten	1

Zutaten:

- 2 Aprikosen
- 1 Apfel
- 100 ml Milch (1,5%)
- 1 Esslöffel Honig
- 100 ml Wasser

Zubereitung:

1. Die Früchte waschen und entkernen.
2. Dann schneiden Sie das Fruchtfleisch in kleine Stücke.
3. Mit Honig, Milch und Wasser mischen.

Kürbis-Quinoa-Bowl

Vorbereitungszeit:	Kochzeit/Herstellung:	Portionen:
10 Minuten	20 Minuten	3

Zutaten:

- 1 Zwiebel
- 200 g Quinoa
- 350 g Kürbis
- 4 Esslöffel natives Olivenöl
- 2 große Möhren
- 3 Esslöffel gehackte Petersilie
- 300 ml Gemüsebrühe

Zubereitung:

1. Waschen Sie die Quinoa in einem Küchensieb unter lauwarmem Wasser gründlich ab und lassen Sie sie abtropfen.
2. Bringen Sie nun ca. 400 ml Wasser zum Kochen und kochen Sie die Quinoa darin auf. Lassen Sie die bei schwacher Hitze eine Viertelstunde quellen, bis das gesamte Wasser aufgesogen ist. Lassen Sie die Quinoa abkühlen und lockern Sie alles immer wieder mit einer Gabel auf.
3. Schälen Sie die Möhren, die Zwiebel und den Kürbis. Hacken Sie die Zwiebel und schneiden Sie die Möhren und den Kürbis in Stücke.
4. Erhitzen Sie nun 2 Esslöffel des Olivenöls in einer Pfanne und dünsten Sie die Zwiebeln an. Fügen Sie die Karotten hinzu und kochen Sie sie 5 Minuten lang. Geben Sie noch etwas Wasser hinzu, damit das Gemüse nicht anbrennt.

5. Geben Sie nun den Kürbis in die Pfanne: Zugedeckt 5 Minuten kochen. Fügen Sie die Quinoa hinzu und lassen Sie sie weitere 5 Minuten köcheln.

6. Geben Sie nun die Gemüsebrühe in die Pfanne und lassen Sie alles zugedeckt 10 bis 15 Minuten köcheln.

7. Nehmen Sie die Pfanne von der Herdplatte und geben Sie das restliche Olivenöl hinzu. Mischen Sie alles miteinander.

8. Zum Schluss mit der frischen Petersilie garnieren.

Hausgemachte Fischstäbchen

Vorbereitungszeit:	Kochzeit/Herstellung:	Portionen:
10 Minuten	**20 Minuten**	**15**

Zutaten:

- 1 Esslöffel Sesamsamen
- 60 g Dinkelmehl (Typ 1050)
- 1 Ei aus Feilandhaltung, Größe M
- 225 g gefroneres Wildlachsfilet
- 90 g ungesüßte Maisflocken

Zubereitung:

1. Den gefrorenen Wildlachs in einen Gefrierbeutel geben und unter fließendem lauwarmen Wasser schnell auftauen. Dann in 15 Sticks schneiden.

2. Mischen Sie das Ei und 1 Esslöffel Wasser in einer Schüssel und verquirlen Sie alles gründlich. Geben Sie nun das Dinkelmehl in eine separate Schüssel.

3. Füllen Sie die Maisflocken in einen Gefrierbeutel und zerbröseln Sie sie darin.

4. Mischen Sie nun die zerbröselten Maisflocken mit den Sesamkörnern in einer weiteren Schüssel.

HAUPTGERICHTE

Kürbis-Cracker

Vorbereitungszeit:	Kochzeit/Herstellung:	Portionen:
10 Minuten	**1 Stunde**	**16**

Zutaten:

- 50 g Maismehl
- 60 g Dinkelmehl Typ 630
- 50 g zarte Haferflocken
- ½ Teelöffel Salz
- Kürbiskerne
- 200 ml Wasser
- 1 Esslöffel Kürbiskernöl

Zubereitung:

1. Zuerst die Kürbiskerne grob hacken und mit dem Dinkelmehl, Maismehl, Haferflocken und Salz in einer Schüssel gut vermischen. Kürbiskernöl und Wasser hinzufügen und alles gut verrühren, bis sich alles zu einer gleichmäßigen Masse verbunden hat.

2. Um den Brotteig zu verdicken, lassen Sie die Masse ca. 10 Minuten an einem zimmerwarmen Ort quellen. In der Zwischenzeit den Backofen auf 170 Grad (Ober-/Unterhitze) vorheizen und ein Backblech mit Backpapier auslegen.

3. Streichen Sie den Brotteig nach der Quellzeit auf das Backpapier und verteilen Sie ihn. Achten Sie darauf, dass das ganze Blech mit einer dünnen Teigschicht bedeckt ist und keine Löcher entstehen. Schieben Sie das Blech in den Ofen und lassen Sie es ca. 15 Minuten backen. Schneiden Sie dann das Knäckebrot mit einem scharfen Messer oder einem Pizzaroller in gleich große Quadrate und backen Sie es weitere 30 Minuten im Ofen. Öffnen Sie während des Backvorgangs ca. alle 10 Minuten die Ofentür, damit der Dampf entweichen kann.

4. Zum Schluss das Knäckebrot aus dem Ofen nehmen, abkühlen lassen und in einer luftdichten Dose aufbewahren.

5. <u>**Hinweis:**</u> Bei Bedarf kann das Knäckebrot mit beliebigen Gewürzen verfeinert werden. In einem luftdicht verschlossenen Glas ist das Brot bis zu 2 Wochen haltbar.

Gerollte Zucchini nach mediterraner Art

Vorbereitungszeit: 10 Minuten
Kochzeit/Herstellung: 30 Minuten
Portionen: 6

Zutaten:

- 1 Prise Kräutersalz
- Olivenöl zum Braten (alternativ: Rapsöl)
- 2 Esslöffel frisch gehackte krause Petersilie
- 2 mittelgroße Bio-Zucchini
- 250 g Mozzarella
- 80 g gekochter Schinken
- 12 Basilikumblätter

Zubereitung:

1. Putzen und waschen Sie die Zucchini. Dann längs in sechs Spalten schneiden und in einer Pfanne mit dem Oliven- oder Rapsöl anbraten. Dann aus der Pfanne nehmen, auf Küchenpapier abtropfen und abkühlen lassen.

2. Lassen Sie nun den Mozzarella abtropfen und schneiden Sie ihn in 12 sehr dünne Scheiben.

3. Schneiden Sie auch den Kochschinken in 12 Portionen.

4. Waschen Sie nun die Basilikumblätter.

5. Salzen Sie die Zucchinischeiben und bestreuen Sie sie mit der frisch gehackten Petersilie. Belegen Sie jede Zucchinischeibe mit einem Basilikumblatt, einer Scheibe Mozzarella und einer Scheibe Kochschinken.

6. Nun aufrollen und mit einem kleinen Zahnstocher oder einem Holzspießchen fixieren.

Tipp: Anstelle von Basilikum können Sie auch Salbei verwenden. Wenn Sie es gut vertragen, können Sie die Zucchinischeiben auch mit einer Prise Pfeffer würzen. Am besten verwenden Sie dafür weißen Pfeffer.

Leichtes Lachsfilet mit Süßkartoffelauflauf

Vorbereitungszeit: 10 Minuten
Kochzeit/Herstellung: 20 Minuten
Portionen: 10

Zutaten:

- 2 Esslöffel gehackte Schnittlauchröllchen
- 3 Süßkartoffeln
- 100 ml frische Milch
- 200 ml Sahne
- 100 g geriebener junger Gouda-Käse
- ½ Teelöffel Salz
- Olivenöl zum Braten
- Etwas weißer Pfeffer
- 1 Zucchini
- 1 Lachsfilet

Zubereitung:

1. Zuerst schälen Sie die Süßkartoffeln, waschen sie und raspeln sie dann in feine Stifte. Waschen und raspeln Sie die Zucchini ebenfalls. Zucchini und Süßkartoffeln abwechselnd in eine gefettete Auflaufform geben.

2. Milch und Sahne in einem Topf erhitzen und beides zum Kochen bringen. Etwas Salz und Pfeffer hinzufügen und 2 Minuten köcheln lassen. Geben Sie nun die Soße in die Auflaufform zu den Süßkartoffeln. Den jungen, geriebenen Gouda-Käse darüber streuen und für 45 Minuten bei 180 Grad im Ofen backen.

3. Erhitzen Sie nun das Olivenöl in einer Pfanne und braten Sie die Lachsfilets auf beiden Seiten für 4 Minuten.

4. Den Auflauf aus dem Ofen nehmen und auf einem Teller anrichten. Mit dem Lachs garnieren. Den frischen Schnittlauch darauf legen und servieren.

Fisch und Süßkartoffel Taler

Vorbereitungszeit: 10 Minuten
Kochzeit/Herstellung: 20 Minuten
Portionen: 10

Zutaten:

- 100 ml frische Vollmilch
- 150 g Semmelbrösel
- 200 g Kabeljaufilet ohne Gräten
- 1 frisches Ei, Größe M
- 1 Prise Salz
- 3 Süßkartoffeln
- Etwas Dinkelmehl

Zubereitung:

1. Im ersten Schritt schälen Sie die Süßkartoffeln und schneiden sie in Würfel. Dann legen Sie die Süßkartoffeln für 25 Minuten in Salzwasser.

2. Geben Sie die frische Milch in einen Topf und kochen Sie den Fisch darin für 15 Minuten.

3. Gießen Sie die gekochten Süßkartoffeln ab und zerdrücken Sie sie mit einer Gabel. Pürieren Sie auch den Fisch nach der Garzeit. Sie können dies z. B. mit einem Mixer tun.

4. Geben Sie nun den Fisch zu den Süßkartoffeln und mischen Sie alles gründlich durch. Fügen Sie ein wenig Salz hinzu.

5. Verquirlen Sie nun das Ei in einer Schüssel. Geben Sie etwas davon zu dem Fisch-Kartoffel-Püree.

6. Formen Sie daraus einige kleine Taler. Wenden Sie die Taler nun nach und nach in dem restlichen Ei und anschließend in den Semmelbröseln.

Zucchini und Quinoa Boote

Vorbereitungszeit: 10 Minuten
Kochzeit/Herstellung: 20 Minuten
Portionen: 4

Zutaten:

- 2 Frühlingszwiebeln
- 1 Esslöffel natives Olivenöl
- 200 g Quinoa
- 4 große Zucchini
- 2 Mohrrüben
- 100 g geriebener junger Gouda-Käse
- 4 große Zucchini

Zubereitung:

1. Waschen Sie die Quinoa in einem Küchensieb unter lauwarmem Wasser gründlich ab und lassen Sie das abtropfen. So können alle Bitterstoffe gut gewaschen werden.

2. Bringen Sie nun 400 ml Wasser zum Kochen und kochen Sie die Quinoa darin auf. Dann lassen Sie die bei schwacher Hitze eine Viertelstunde lang ziehen, bis das gesamte Wasser aufgesogen ist. Lassen Sie die Quinoa abkühlen und lockern Sie mit einer Gabel immer wieder alles auf.

3. Waschen Sie nun die Zucchinis und entfernen Sie die Enden. Dann halbieren Sie die und entfernen das Fruchtfleisch. Legen Sie die ausgehöhlten Zucchini in kochendes Wasser und blanchieren Sie das ca. 5 Minuten.

4. Waschen Sie die Frühlingszwiebeln und schälen Sie die Möhren. Dann beides sehr klein schneiden. Erhitzen Sie das Olivenöl in einer Pfanne und braten Sie das Gemüse und das Innere der Zucchini an. Geben Sie nun die Quinoa und die Petersilie hinzu und mischen Sie alles gründlich durch.

5. Füllen Sie die Gemüse-Quinoa-Mischung in die ausgehöhlten Zucchinischiffchen und streuen Sie den geriebenen jungen Gouda darüber. Alles im Backofen 25 Minuten bei 180 Grad backen. Aus dem Backofen herausnehmen und servieren.

Gebackener Spargel

Vorbereitungszeit: 5 Minuten | **Kochzeit/Herstellung:** 10 Minuten | **Portionen:** 2

Zutaten:

Für das Pesto:

- 50 g gehackte Petersilie
- 100 ml Olivenöl
- 1 Prise weißer Pfeffer & Salz
- 2 Esslöffel geriebener Mozzarella

Für den Spargel:

- 1 Prise Salz und weißer Pfeffer
- 4 Esslöffel Olivenöl
- 500 g grüner Spargel

Zubereitung:

1. Zuerst den Spargel waschen und die Enden entfernen.
2. Geben Sie 2 Esslöffel Olivenöl in eine Auflaufform und geben Sie den Spargel hinein. Den Rest des Olivenöls über den Spargel träufeln und mit etwas Salz und Pfeffer würzen. Im Backofen bei 175 Grad 15 Minuten backen.
3. In der Zwischenzeit die Petersilie und den Mozzarella in einen Multizerkleinerer geben. Das Olivenöl darüber gießen und mit Salz und Pfeffer würzen.
4. Spargel aus dem Ofen nehmen, das Pesto darüber gießen und zusammen servieren.

Leckerer Gemüseauflauf

Vorbereitungszeit: 10 Minuten | **Kochzeit/Herstellung:** 15 Minuten | **Portionen:** 4

Zutaten:

- 150 g Sahne
- 300 ml Bio-Frischmilch
- 30 g Dinkelmehl
- 50 g Butter
- 2 Esslöffel Korianderblätter
- 100 g geriebener junger Gouda-Käse

Für das Gratin:

- 1 Blumenkohl
- 3 Fenchelknollen
- 1 Bio-Zitrone
- ½ Teelöffel Salz

Zubereitung:

1. Als erstes waschen Sie den Blumenkohl und teilen ihn in Röschen. Anschließend 10 Minuten in kochendem Wasser blanchieren. Dann waschen Sie die Fenchelknollen und entfernen die Schale. Dann die Knollen halbieren.
2. Waschen Sie die Zitrone, halbieren Sie das und pressen den Saft aus. Reiben Sie die halbierten Fenchelknollen mit dem Zitronensaft ein und legen Sie das in einen Topf mit ein wenig Wasser. 3 Minuten im Wasser blanchieren.
3. Dann nehmen Sie das aus der Pfanne und lassen die abtropfen. Widmen Sie sich nun der Sauce. Dazu schmelzen Sie die Sauce. Und im anschluss schmelzen Sie die Butter in einem Topf.
4. Geben Sie nach und nach das Mehl hinzu und schwitzen Sie alles an. Gießen Sie nacheinander Milch und Sahne in den Topf und würzen Sie mit Koriander.
5. Geben Sie nun das Gemüse in eine Auflaufform und verteilen Sie die Sauce darüber. Alles mit dem frisch geriebenen Gouda-Käse bestreuen und im Backofen bei 180 Grad 40-45 Minuten überbacken.

Herzhafte Wildlachs Muffins

Vorbereitungszeit: 10 Minuten
Kochzeit/Herstellung: 40 Minuten
Portionen: 8

Zutaten:

- 80 g Frischkäse
- 6 Esslöffel Magerquark
- 3 Eier, Größe M
- 2 tiefgekühlte Wildlachsfilets
- 1 große Zucchini
- 2 Frühlingszwiebeln
- 1 Prise Salz
- ½ gelbe Paprikaschote

Zubereitung:

1. Die Wildlachsfilets in einen Gefrierbeutel geben und unter fließendem lauwarmen Wasser schnell auftauen. Dann in kleine Stücke schneiden.

2. Die Frühlingszwiebeln putzen und in feine Röllchen schneiden. Die Zucchini schälen und fein raspeln. Die Paprika in sehr feine Würfel schneiden.

3. Verrühren Sie nun den Magerquark mit dem Frischkäse sowie den Eiern und einer Prise Salz.

4. Rühren Sie das kleingeschnittene Gemüse und die Wildlachsstücke unter die Quark-Ei-Masse. Alles noch einmal kurz mit dem Mixer aufschlagen. Fetten Sie die Muffinformen ein und füllen Sie sie dann mit der Masse. Die Muffins offen bei 160 Grad 25 Minuten backen. Minuten.

Fenchel-Süßkartoffel Auflauf

Vorbereitungszeit: 10 Minuten
Kochzeit/Herstellung: 15 Minuten
Portionen: 4

Zutaten:

- 500 ml frische Milch (1,5%)
- 2 Fenchelknollen
- 700 g Süßkartoffeln
- 50 g geriebener junger Gouda-Käse
- Butter für die Auflaufform
- 1 Prise Salz und optional weißer Pfeffer
- 100 g Sahne

Zubereitung:

1. Zuerst heizen Sie den Backofen auf 200 Grad vor. Nun schälen Sie die Kartoffeln und schneiden sie in dünne Scheiben.

2. Dann waschen und putzen Sie die beiden Fenchelknollen und halbieren sie der Länge nach. Entfernen Sie den Strunk und schneiden Sie den Fenchel in dünne Scheiben. Legen Sie das Fenchelgrün beiseite.

3. Fetten Sie nun die Auflaufform mit Butter ein und schichten Sie abwechselnd den Fenchel und die Kartoffelscheiben hinein.
4. Das Fenchelgrün zerkleinern und mit der Sahne und der Milch gut vermischen. Fügen Sie eine Prise Salz und wenn Sie mögen, etwas weißen Pfeffer hinzu.

5. Gießen Sie diese Mischung über das Kartoffel-Fenchel-Gratin und bestreuen Sie das Gericht mit dem geriebenen jungen Gouda-Käse. Alles im vorgeheizten Backofen etwa eine Stunde überbacken.

Tipp: Bitte verwenden Sie unbedingt keinen gereiften Käse, sondern nur jungen Gouda-Käse.

Süßkartoffel-Gulasch

Vorbereitungszeit:	Kochzeit/Herstellung:	Portionen:
10 Minuten	15 Minuten	2

Zutaten:

- 1 Esslöffel Frischkäse
- 1 Prise Salz und Pfeffer
- 1 Schaufel Mozzarella
- 3 Süßkartoffeln
- Etwas Olivenöl
- 3 Pak Choi

Zubereitung:

1. Waschen Sie zuerst die Süßkartoffeln und schneiden Sie das in zwei Hälften. Dann rundherum mit etwas Olivenöl bepinseln und auf ein mit Backpapier ausgelegtes Backblech legen.

2. Nun backen Sie die Kartoffeln bei 200 Grad für 40-45 Minuten.

3. Entfernen Sie in der Zwischenzeit den Stiel vom Pak Choi und schneiden Sie ihn in kleine Stücke. Erhitzen Sie das Olivenöl in einer Pfanne und braten Sie den Pak Choi 4 Minuten lang an. Mit ein wenig Salz und Pfeffer bestreuen und beiseite stellen.

4. Die fertigen Süßkartoffeln aus dem Ofen nehmen und mit einem Esslöffel aushöhlen. Lassen Sie einen kleinen Rand stehen und zerdrücken Sie das Innere ein wenig. Geben Sie nun den Frischkäse mit dem Pak Choi und dem Süßkartoffelpüree in eine Schüssel und verrühren Sie alles miteinander. Füllen Sie nun die ausgehöhlten Süßkartoffeln damit.

5. Lassen Sie den Mozzarella abtropfen und schneiden Sie die in Scheiben. Den Käse über die Süßkartoffeln streuen und im Backofen 15 Minuten bei 200 Grad überbacken. Zum Schluss alles herausnehmen und auf Tellern anrichten.

Tipp: Sie können den Pfeffer auch weglassen, wenn Sie möchten. Es kommt ganz auf Ihre Toleranzgrenze an. Wenn Sie unsicher sind, können Sie vorsichtig und leicht nachwürzen. Ansonsten können Sie auch frische Kräuter wie Petersilie oder Schnittlauch verwenden.

Rahmnudeln mit Gemüse

Vorbereitungszeit:	Kochzeit/Herstellung:	Portionen:
10 Minuten	20 Minuten	2

Zutaten:

- 100 ml Sahne
- 150 g Bio-Zucchini
- 1 Prise weißer Pfeffer
- 1 Prise Meersalz
- Frische Kräuter (frisch gehackte Petersilie & Basilikum)
- 2 große Möhren
- 350 ml Gemüsebrühe (siehe Grundrezept)
- 120 g Schnupfnudeln
- 1 Esslöffel Frischkäse

Zubereitung:

1. Im ersten Schritt kochen Sie die Nudeln gemäß den Anweisungen. Dann abgießen und abtropfen lassen.

2. Nun schälen Sie die Möhren und schneiden die in dünne Scheiben. Waschen und raspeln Sie die Zucchini.

3. Geben Sie nun alle Zutaten außer dem Frischkäse und den Gewürzen in einen Topf und kochen Sie alles für 10 Minuten.

4. Zum Schluss den Frischkäse unterheben und alles mit weißem Pfeffer, Salz und den frischen Kräutern würzen.

5. Mischen Sie nun die Nudeln mit dem Gemüse und richten Sie sie auf Tellern an.

Hausgemachte Chicken Nuggets

Vorbereitungszeit:	Kochzeit/Herstellung:	Portionen:
10 Minuten	20 Minuten	15

Zutaten:

- 70 g ungesüßte Maisflocken
- 1 Teelöffel Ahornsirup
- 1 Prise Meersalz
- ½ Teelöffel Paprikapulver
- 2 frische Hähnchenbrustfilets
- 80 g Naturjoghurt
- 1 Prise weißer Pfeffer

Zubereitung:

1. Für die Nuggets waschen und schneiden Sie zunächst das Hähnchenbrustfilet in Stücke.

2. Verrühren Sie nun den Naturjoghurt mit dem Salz, dem Ahornsirup und dem Paprikapulver. Anschließend geben Sie die Cornflakes in einen Gefrierbeutel und zerbröseln sie darin.

3. Anschließend geben Sie die Brösel in eine Schüssel.

4. Für die Panade wälzen Sie das Hähnchen zuerst in dem Naturjoghurt und dann in den Maisflocken. Legen Sie die Nuggets auf ein Backblech und backen Sie alles im Ofen für 20 Minuten bei 200 Grad.

Kartoffelscheiben mit Ziegenkäse

Vorbereitungszeit:	Kochzeit/Herstellung:	Portionen:
10 Minuten	20 Minuten	20

Zutaten:

- 100 g Süßkartoffeln
- 500 g festkochende Kartoffeln
- 2 Esslöffel Rapsöl
- 100 g Ziegenfrischkäse
- 1 Esslöffel Butter
- 1 Esslöffel Sesamsamen
- 2 Frühlingszwiebeln

Zubereitung:

1. Den Backofen auf 180 -Grad Ober- und Unterhitze vorheizen. Dann die Kartoffeln und Süßkartoffeln mit der Schale kochen. Dann abgießen, abkühlen lassen, pellen und in Scheiben schneiden.

2. Die Frühlingszwiebeln waschen und in feine Röllchen schneiden.

3. Nun den Ziegenfrischkäse zerbröseln. Dann ein Backblech mit Backpapier auslegen und die Kartoffelscheiben und den zerbröckelten Ziegenfrischkäse darauf verteilen.

4. Pinseln Sie alles mit dem Rapsöl ein und backen Sie das im Backofen eine Viertelstunde lang goldbraun. In der Zwischenzeit die Butter in einer Pfanne erhitzen und die Frühlingszwiebelröllchen darin anbraten. Die Sesamsamen dazugeben.

5. Nehmen Sie nun die Kartoffelscheiben mit dem Ziegenkäse aus dem Ofen und geben Sie die Frühlingszwiebel-Sesam-Mischung darüber.

Ziegenkäse-Muschelnudeln

Vorbereitungszeit:	Kochzeit/Herstellung:	Portionen:
10 Minuten	25 Minuten	2

Zutaten:

- 120 g Sahne
- 300 g Dinkelmuschelnudeln
- 1 großer Apfel
- Saft von ½ Bio-Zitrone
- ½ Bund Frühlingszwiebeln
- 2 frische Zweige Thymian
- 200 g frischer Ziegenkäse

Zubereitung:

1. Kochen Sie zuerst die Dinkelmuschelnudeln in kochendem Salzwasser bissfest.

2. Waschen Sie in der Zwischenzeit den Apfel, halbieren Sie den und entfernen Sie das Kerngehäuse. Schneiden Sie das Obst dann in kleine Würfel.

3. Mischen Sie nun den Zitronensaft mit den Apfelwürfeln in einer Schüssel.

4. Erhitzen Sie die Sahne in einem Topf und lösen Sie den Ziegenfrischkäse darin auf.

5. In der Zwischenzeit waschen Sie die Thymianzweige und die Frühlingszwiebeln und schütteln sie trocken. Zupfen Sie dann den Thymian von den Stängeln und schneiden Sie den Schnittlauch in kleine Röllchen.

6. Geben Sie nun den Zitronensaft und die Apfelwürfelmischung zu der Ziegenfrischkäse-Sahne-Sauce. Geben Sie dann die Kräuter darüber.

7. Gießen Sie nun diese Sauce über die Dinkelmuschelnudeln und richten Sie alles auf Tellern an.

Zucchini-Hackfleisch Gratin

Vorbereitungszeit:	Kochzeit/Herstellung:	Portionen:
10 Minuten	20 Minuten	4

Zutaten:

- 250 ml organic fresh milk (3.5% Fett)
- 1 kg festkochende Kartoffeln
- Butter zum Einfetten
- 400 g sehr frisches Rinderhackfleisch
- 1 Bund frische Petersilie
- 1 Esslöffel Rapsöl
- 500 g Zucchini
- 1 Prise Salz
- 2 Esslöffel Butter
- 1 Eigelb

Zubereitung:

1. Waschen Sie zunächst die Kartoffeln und kochen Sie das mitsamt der Schale etwa 20 Minuten weich. Dann abgießen und kurz ausdampfen lassen.

2. Pellen Sie nun die Kartoffeln und drücken Sie das durch eine Kartoffelpresse.

3. Erhitzen Sie nun die Butter und die Milch und rühren Sie beides mit einem Schneebesen unter die Kartoffeln. Dann trennen Sie das Ei und rühren das Eigelb und eine Prise Salz unter das Kartoffelpüree.

4. Waschen, putzen und schneiden Sie anschließend die Zucchini in Scheiben. Die Petersilie abwaschen, gut trocken schütteln, die Blätter abzupfen und fein hacken.

5. Erhitzen Sie nun das Rapsöl und braten Sie das frische Rinderhackfleisch darin an, bis es krümelig wird. Anschließend das Rindfleisch anbraten, bis es krümelig wird. Zum Schluss mit der Petersilie und einer Prise Salz würzen.

Gebackene Süßkartoffeln mit Frischkäsefüllung

Vorbereitungszeit:	Kochzeit/Herstellung:	Portionen:
10 Minuten	15 Minuten	2

Zutaten:

- 1 Esslöffel Frischkäse
- 1 Prise Salz und Pfeffer
- 1 Schaufel Mozzarella

- 3 Süßkartoffeln
- Etwas Olivenöl
- 3 Pak Choi

Zubereitung:

1. Waschen Sie zuerst die Süßkartoffeln und schneiden Sie das in zwei Hälften. Dann rundherum mit etwas Olivenöl bepinseln und auf ein mit Backpapier ausgelegtes Backblech legen.

2. Nun backen Sie die Süßkartoffeln bei 200 Grad für 40-45 Minuten.

3. Entfernen Sie in der Zwischenzeit den Stiel vom Pak Choi und schneiden Sie ihn in kleine Stücke. Erhitzen Sie das Olivenöl in einer Pfanne und braten Sie den Pak Choi 4 Minuten lang an.

4. Mit ein wenig Salz und Pfeffer bestreuen und beiseite stellen.

5. Die fertigen Süßkartoffeln aus dem Ofen nehmen und mit einem Esslöffel aushöhlen. Lassen Sie einen kleinen Rand stehen und zerdrücken Sie das Innere ein wenig.

6. Geben Sie nun den Frischkäse mit dem Pak Choi und dem Süßkartoffelpüree in eine Schüssel und verrühren Sie alles miteinander. Füllen Sie nun die ausgehöhlten Süßkartoffeln damit.

7. Lassen Sie den Mozzarella abtropfen und schneiden Sie ihn in Scheiben. Den Käse über die Süßkartoffeln streuen und im Backofen 15 Minuten bei 200 Grad überbacken.

8. Zum Schluss alles herausnehmen und auf Tellern anrichten.

Tipp:

Sie können den Pfeffer auch weglassen, wenn Sie möchten. Es kommt ganz auf Ihre Toleranzgrenze an. Wenn Sie unsicher sind, können Sie vorsichtig und leicht nachwürzen. Ansonsten können Sie auch frische Kräuter wie Petersilie oder Schnittlauch verwenden.

Ofenpaprika mit Quinoa-Füllung

Vorbereitungszeit:	Kochzeit/Herstellung:	Portionen:
10 Minuten	35 Minuten	2

Zutaten:

- 150 g junger, geriebener Gouda-Käse
- 2 Möhren
- 400 ml Gemüsebrühe
- 150 g Quinoa
- 3 Esslöffel Olivenöl
- 4 Paprikaschoten (alternativ 4 gelbe Zucchini)

Zubereitung:

1. Beginnen Sie damit, die Paprika zu waschen, den Deckel zu entfernen und das Kerngehäuse herauszunehmen. Halbieren Sie die Paprikaschoten und legen Sie sie in eine Auflaufform.

2. Geben Sie 200 ml Gemüsebrühe in einen Topf und kochen Sie sie auf. Die Quinoa zugeben und zugedeckt 5 Minuten ziehen lassen, ohne zu kochen.

3. Schälen Sie die Möhren und schneiden Sie sie in kleine Stücke.

4. Erhitzen Sie das Öl in einer Pfanne und braten Sie die Paprika und Karotten an. Geben Sie nun den jungen Gouda und die Quinoa in die Pfanne. Mischen Sie alles gründlich durch und würzen Sie mit etwas Salz.

5. Geben Sie die Mischung nun in die Paprikahälften. Gießen Sie die restliche Brühe in die Auflaufform und backen Sie die Paprikahälften bei 200 Grad für 25 Minuten.

6. Dann aus dem Ofen nehmen, etwas abkühlen lassen und servieren.

Tipp:

Sie können anstelle der Paprika auch Zucchini verwenden. Es kommt auch darauf an, wie gut Sie Paprika vertragen. Hören Sie hier auf Ihren Körper und essen Sie, was gut für Sie ist. Wichtig ist, dass Sie nur jungen Gouda verwenden, sonst ist er für Menschen mit einer Histaminintoleranz nicht mehr geeignet.

Hackfleisch-Gemüse

Vorbereitungszeit:	Kochzeit/Herstellung:	Portionen:
10 Minuten	20 Minuten	3

Zutaten:

- 1 Zwiebel
- 1 Brokkoli
- 200 ml Kokosnussmilch
- 2 Esslöffel Rapsöl
- 250 ml Gemüsebrühe
- 1 Esslöffel Kurkuma
- Ein wenig Salz
- 350 g frisches Rinderhackfleisch

Zubereitung:

1. Als erstes schälen Sie die Zwiebel und hacken die klein. Waschen Sie den Brokkoli und schneiden Sie ihn in Röschen. Geben Sie das Öl in eine große Pfanne und dünsten Sie die Zwiebel 2 Minuten an. Das Hackfleisch dazugeben und weitere 4 Minuten anbraten.

2. Kokosmilch, Brühe und Brokkoliröschen zum Hackfleisch geben und 5 Minuten köcheln lassen. Mit Salz und Kurkuma abschmecken. Auf Tellern anrichten und servieren.

Tipp:
Achten Sie darauf, dass das Rinderhackfleisch frisch ist. Fragen Sie ruhig den Metzger, achten Sie darauf, die Kühlkette nicht zu unterbrechen und verarbeiten Sie es so schnell wie möglich, die Kühlkette nicht zu unterbrechen und verarbeiten Sie es so schnell wie möglich.

Herzhaftes Omelett

Vorbereitungszeit:	Kochzeit/Herstellung:	Portionen:
10 Minuten	30 Minuten	1

Zutaten:

- 150 g Möhren
- 1 Knoblauchzehe
- 2 Eier
- 20 ml Milch (fettarm 1,5%)
- 3 Frühlingszwiebeln
- 200 g Champignons
- 1 Messerspitze Jodsalz
- 200 g Kartoffeln
- 1 Prise schwarzer Pfeffer

Zubereitung:

1. Zuerst die Kartoffeln schälen und in kleine Würfel schneiden. Dann in Salzlake kochen.

2. In der Zwischenzeit die Champignons in dünne Scheiben schneiden, den Knoblauch hacken und die Frühlingszwiebeln in Würfel schneiden.

3. Champignons, Frühlingszwiebeln und Knoblauch in einer Pfanne anbraten. Dann fügen Sie Kartoffeln hinzu und braten auch.

4. Rühren Sie die Milch und die Eier zusammen und gießen Sie sie dann auf das Gemüse im Topf. Beidseitig gebratenes Omelett. Mit Salz und Pfeffer würzen.

Gebratenes Hähnchen mit Bratkartoffeln

Vorbereitungszeit:	Kochzeit/Herstellung:	Portionen:
15 Minuten	1 Stunde	1

Zutaten:

- 250 g Kartoffeln
- 1 Esslöffel Olivenöl
- 180 g Hähnchenbrust
- 1 Prise italienische Kräuter
- 1 Messerspitze schwarzer Pfeffer
- 1 Messerspitze Jodsalz
- 150 g Möhren
- 1 Knoblauchzehe
- 2 Schalotten
- Ein wenig Öl
- 1 Zucchini

Zubereitung:

1. Heizen Sie den Ofen zuerst auf 200 ° C vor. Kartoffeln schälen und in Keile schneiden.

2. Öl, Gewürze und Kartoffeln in einer Schüssel vermengen. Dann die Kartoffeln auf einem mit Backpapier ausgelegten Backblech verteilen und ca. 20 Minuten bei 200 ° C backen.

3. Gleichzeitig das Huhn in einer Pfanne frittieren und das Gemüse in kleine Stücke schneiden. Bei geschlossenem Deckel das Gemüse in einem kleinen Topf bei schwacher Hitze ca. 10 Minuten kochen lassen.

4. Zum Schluss alles Würzen

Hähnchen Gemüse Ragout

Vorbereitungszeit:	Kochzeit/Herstellung:	Portionen:
5 Minuten	10 Minuten	1

Zutaten:

- 125 g Hähnchenbrust
- 2 Teelöffel Olivenöl
- ½ Kohlrabi
- ¼ Bund Petersilie
- ½ Zwiebel
- 30 ml fettarme Milch (1,5% Fett)
- 30 g Creme legere
- Gemüsebrühe nach Wahl

Zubereitung:

1. Hähnchenbrust und Kohlrabi in kleine Würfel schneiden. Öl im Topf erhitzen. Im Anschluss würzen.

2. Dann halten Sie das Fleisch warm. Im gleichen Topf Zwiebeln braten und mit Milch glasieren. Dann Kohlrabi hinzufügen und mit 50 ml Gemüsebrühe füllen.

3. Decken Sie den Topf ab und kochen Sie ihn 15 Minuten lang. Dann das Hähnchenbrust und die Brioche dazugeben und zum Kochen bringen.

4. Zum Schluss alles wieder kochen lassen. Vor dem Servieren gehackten Koriander darüber streuen.

Gebackene Polenta

Vorbereitungszeit:	Kochzeit/Herstellung:	Portionen:
10 Minuten	45 Minuten	1

Zutaten:

- 100 g Polenta
- 5 g Butter
- 220 g Wasser
- ½ Paprika
- 100 g Hirtenkäse
- ½ Teelöffel Salz
- 10 g Bärlauch

Zubereitung:

1. Gießen Sie Wasser in einen Topf und kochen Sie, würzen Sie dann mit Salz und fügen Sie Polenta hinzu. Alles leicht kochen lassen und ständig umrühren.

2. Dann den Herd ausschalten und die Polenta ca. 15 Minuten köcheln lassen. In der Zwischenzeit den Pfeffer waschen und mit Bärlauch in Streifen schneiden.

3. Zerquetsche den Hirtenkäse. Die Hälfte des Hirtenkäses mit den anderen Zutaten unter die Polenta heben. Gießen Sie die Mischung in die Auflaufform und bestreuen Sie sie mit dem restlichen Hirtenkäse.

4. Das Ganze hineinlegen und mit dem restlichen Hirtenkäse bestreuen. Legen Sie den ganzen Artikel in den Ofen und backen Sie ihn im vorgeheizten Ofen bei 210 ° C von oben / unten etwa 15 Minuten lang.

Kartoffel-Wirsing-Pfanne

Vorbereitungszeit:	Kochzeit/Herstellung:	Portionen:
10 Minuten	40 Minuten	2

Zutaten:

- 1 Prise Pfeffer
- 1 Öl
- 1 Prise Salz
- 400 g Kartoffelns
- 1 Zwiebel
- ½ Kopf frischer Wirsingkohl
- 250 g Creme fraiche
- 250 g Rinderhackfleisch

Zubereitung:

1. Waschen Sie Kartoffeln und Kohl als Vorspeise. Kartoffeln schälen und in kleine Würfel schneiden.

2. Wirsingkohl in dünne Streifen schneiden. Gießen Sie das Öl in die Pfanne und braten Sie, bis die gewürfelten Kartoffeln von allen Seiten gebräunt sind.

3. Die Zwiebel in Würfel schneiden und mit Wirsing und Hackfleisch in dünne Scheiben schneiden. Braten Sie, bis alles fertig ist. Fügen Sie die cremigen französischen Pfannkuchen hinzu und kochen Sie sie bei schwacher Hitze.

4. Mit Salz und Pfeffer würzen und servieren. Mit Pfeffer servieren.

Spaghetti mit Brokkoli

Vorbereitungszeit:	Kochzeit/Herstellung:	Portionen:
10 Minuten	35 Minuten	3

Zutaten:

- 500 g Spaghetti
- 300 g Rinderhackfleisch
- 1 Prise Salz
- 1 Prise Pfeffer
- 1 Esslöffel Öl
- 1 Esslöffel Butter
- 1 Strauß Brokkoli
- 250 ml Sahne
- 1l Gemüsebrühe

Zubereitung:

1. Den Brokkoli waschen und in Röschen schneiden. Butter und Öl in einer Pfanne erhitzen, Hackfleisch hinzufügen und frittieren.

2. Brokkoli, Salz und Pfeffer hinzufügen. Gießen Sie die Sahne und Brühe. Schneiden Sie die Spaghetti in zwei Hälften und fügen Sie sie hinzu, so dass sie vollständig bedeckt sind.

3. Abdecken und vier Minuten kochen lassen. Umrühren, um Verbrennungen zu vermeiden. Kochen, bis die Nudeln im gewünschten Maße gekocht sind. Es kann mit Salz und Pfeffer gegessen werden.

Putenpfanne mit Reis

Vorbereitungszeit:	Kochzeit/Herstellung:	Portionen:
10 Minuten	40 Minuten	2

Zutaten:

- Ein wenig Öl
- 150 g Reis
- 1 Prise Salz
- 250 g Putenbrustfilet
- 1 Zwiebel
- 1 Karotte
- 3 Esslöffel Joghurt
- 1 Prise Pfeffer
- 1 Zucchini

Zubereitung:

1. Gießen Sie 200 ml kaltes Wasser auf den Reis. Fügen Sie etwas Salz hinzu, decken Sie den Topf ab und lassen den 25 Minuten bis eine Viertelstunde bei milder Hitze einweichen, bis das Wasser absorbiert ist.

2. In der Zwischenzeit die Zucchini und die Karotten waschen, die Stängel entfernen, halbieren und in dünne Scheiben schneiden. Zwiebel schälen, in dünne Scheiben. Die Putenbrust in Streifen schneiden.

3. Das Öl in der Pfanne erhitzen, die Putenbrust, Zwiebeln und Karotten in die Pfanne geben und frittieren, bis das Fleisch gar ist. Zum Schluss die Zucchini dazugeben und fünf Minuten braten. Den Joghurt in einen Topf geben, umrühren und mit Salz und Pfeffer würzen. Den Reis auf den Teller legen.

Süßkartoffel-Gnocchi mit Rucola

Vorbereitungszeit:	Kochzeit/Herstellung:	Portionen:
15 Minuten	1 Stunde	4

Zutaten:

- 1 Prise Salz
- 1 Prise Muskatnuss
- 1 Prise Pfeffer
- 50 g Pinienkerne
- 5 Esslöffel Olivenöl
- 125 g Rucola
- 120 g Polenta
- 1kg Süßkartoffeln
- 50g Speisegetränke
- Maisstärke

Zubereitung:

1. Die Süßkartoffel schälen und in Würfel schneiden, etwas Wasser zum Abdecken hinzufügen und in einem kleinen Topf kochen. Bereiten Sie gleichzeitig das Gewürz vor: Waschen Sie die Rucola, entfernen Sie den Stiel und trocknen Sie das ab.

2. Die Pinienkerne in eine fettfreie Pfanne geben und kurz anbraten. Verwenden Sie Rucola-Püree und 3 Esslöffel Olivenöl, um eine Sauce zu machen. Die Süßkartoffeln vom Herd nehmen, ein Püree machen und den Teig mit Maisstärke und Polenta formen. Mit Salz, Pfeffer und etwas Muskatnuss würzen.

3. Den Teig in dünne Würste rollen und mit einem Buttermesser in einzelne Nudeln schneiden. Bereiten Sie einen Topf vor.

Gefüllte Paprika

Vorbereitungszeit:	Kochzeit/Herstellung:	Portionen:
10 Minuten	40 Minuten	4

Zutaten:

- 2 Mohrrüben
- 4 Paprikaschoten
- 150 g Schafskäse
- 150 g Bulgur
- 3 Esslöffel Olivenöl
- 1 Prise Pfeffer
- 1 Prise Salz
- 400 ml Brühe
- ½ Esslöffel Paprikamark

Zubereitung:

1. Paprika waschen. Schneiden Sie die Kappe des Pfeffers ab. Die Paprikaschoten entkernen und in eine Auflaufform geben. Die Brühe zum Kochen bringen.

2. Gießen Sie die Hälfte (200 ml) auf den Bulgur und lassen Sie ihn fünf Minuten einweichen. Die Mohrrüben waschen, in kleine Würfel schneiden und in der Pfanne leicht anbraten.

3. Mischen Sie die gewürfelten Karotten und den gewürfelten Feta-Käse mit dem Bulgur.

4. Die Chilipulverpaste hinzufügen und mit Salz und Pfeffer würzen. Setzen Sie den "Deckel" auf den Chili. Gießen Sie die Füllung in die Paprika und gießen Sie den Rest der Suppe auf die Paprika. Im Ofen bei 200 ° C etwa eine halbe Stunde backen.

Blätterteig-Blitzpizza

Vorbereitungszeit:	Kochzeit/Herstellung:	Portionen:
10 Minuten	30 Minuten	3

Zutaten:

- 1 Esslöffel Öl
- 1 Prise Salz
- 1 Lorbeer
- 1 Prise Pfeffer
- 2 Knoblauchzehen
- 3 Zwiebeln
- 150 g Mais
- 50 g Paprikamark
- 2 Paprikaschoten
- 1 Prise Zucker
- 400 g Rinderhackfleisch
- 3 Möhren

Zubereitung:

1. Möhren und Paprika waschen. Zwiebel schälen. Schneiden Sie alle Lebensmittel und Knoblauch in kleine Würfel.

2. Gießen Sie die Zwiebel, den Knoblauch und die Möhren in das Öl.

3. Fügen Sie Hackfleisch hinzu und rühren Sie braten. Chilipulver, Chilipulverpulpe und die restlichen Gewürze hinzufügen und eine weitere Viertelstunde kochen lassen.

4. Zum Schluss Mais hinzufügen und einige Minuten kochen lassen.

Chili

Vorbereitungszeit: 10 Minuten

Kochzeit/Herstellung: 30 Minuten

Portionen: 1

Zutaten:

- 1 Prise Salz
- 1 Rolle Plunderteig
- 200 g Frischkäse
- 250 g Hackfleisch (vom Rind)
- 200 g Mozzarella
- 2 Paprikaschoten
- 1 Ei
- 1 Rosmarin
- 1 Zwiebel
- 1 Esslöffel Öl
- 1 Prise Pfeffer

Zubereitung:

1. Paprika waschen, entkernen und würfeln. Zwiebel schälen und fein hacken. Gießen Sie die Zwiebel und den Pfeffer zusammen mit dem Hackfleisch in das Öl.

2. Nach Belieben Salz, Pfeffer und Rosmarin hinzufügen.

3. Den Blätterteig auf dem Backblech verteilen und die Gemüsemischung und das Hackfleisch darauf verteilen. Eier und Frischkäse mischen, mit Salz und Pfeffer würzen und über die Mischung aus Gemüse und Hackfleisch gießen.

4. Den Käse in dünne Scheiben schneiden und auf die Pizza legen. Oben und unten auf 200 ° C erhitzen und ca. 20 Minuten backen.

Rote-Bete-Quiche

Vorbereitungszeit: 10 Minuten

Kochzeit/Herstellung: 20 Minuten

Portionen: 1

Zutaten:

- 6 Esslöffel Öl
- 210 g Mehl
- 130 g Magerquark
- ½ Teelöffel Salz
- 2 bis 3 vorgekochte Rote Bete
- 1 Teelöffel Rosmarin
- 1 Teelöffel Salz
- 125 g Frischkäse
- 150 g Schafskäse
- 125 g Creme fraiche
- ½ Päckchen Backpulver

Zubereitung:

1. Mehl, Quark, Öl und Backpulver mit einem halben Teelöffel Salz zu einem einheitlichen Teig mischen.

2. Kneten und auf dem Backblech verteilen. Frischkäse und französische Sahne mischen und auf den Teigboden streuen. Mit Salz und Rosmarin bestreuen.

3. Die Rote Beete in dünne Scheiben schneiden und den Teig damit bedecken. Den Feta-Käse zerbröckeln und auf den Teig streuen. Bei 220 ° C ca. zehn Minuten backen.

Spiegeleier im Paprikarahmen

Vorbereitungszeit:	Kochzeit/Herstellung:	Portionen:
10 Minuten	**25 Minuten**	**2**

Zutaten:

- 3 Paprikaschoten (möglichst groß)
- Ein wenig Öl
- 4 Eier
- 1 Prise Pfeffer
- 1 Prise Salz

Zubereitung:

1. Paprikaschoten waschen. Entfernen Sie den Stiel und entkernen Sie die Paprikaschoten, ohne die aufzuschneiden. Schneiden Sie vier geschlossene Ringe aus den Paprikaschoten.

2. Den Rest der Paprika nach Belieben in Würfel oder Streifen schneiden. Öl in einer Pfanne erhitzen. Die Paprikawürfel oder -streifen darin anbraten und mit Salz und Pfeffer würzen.

3. Die Würfel bzw. Streifen aus der Pfanne nehmen. Die Paprikaringe in die Pfanne geben und mit je einem Ei füllen. Etwa fünf Minuten braten, nach Belieben auch auf der anderen Seite braun braten. Salzen, pfeffern und ggf. mit etwas Brot servieren.

Tarteflambee ohne Speck

Vorbereitungszeit:	Kochzeit/Herstellung:	Portionen:
10 Minuten	**20 Minuten**	**1**

Zutaten:

- 120 g Butter
- 400 g Dinkelmehl
- 400 g saure Sahne
- 200ml Milch
- 3 grüne Zwiebeln
- 1 Prise Salz
- 1 Prise Pfeffer
- 200 g gekochte Putenbrust
- 2 Esslöffel saure Sahne

Zubereitung:

1. Dinkelmehl, Milch und Butter mit einer Prise Salz zu einem glatten Teig verkneten. In Frischhaltefolie wickeln, in den Kühlschrank legen und eine halbe Stunde ruhen lassen. Die Zwiebeln schälen und in Ringe schneiden, die Putenbrust in dünne Streifen schneiden.

2. Schmand und saure Sahne verrühren und mit Salz würzen. Den Teig dünn ausrollen und mit der Sahnemischung bestreichen. Zwiebelringe und Putenbruststreifen auf den Teig legen. Zwiebelringe und Putenbruststreifen auf den Teig legen.

3. Im Backofen bei 200 ° C ca. 20 Minuten backen. Den Schnittlauch fein hacken, auf dem Flammkuchen verteilen und servieren.

Zucchini-Beignets

Vorbereitungszeit:	Kochzeit/Herstellung:	Portionen:
10 Minuten	**35 Minuten**	**2**

Zutaten:

- 1 Zwiebel
- 2 Zucchinis
- 100 g Mandelmehl
- 2 Eier
- 1 Prise Pfeffer
- 1 Esslöffel Öl
- 1 Prise Salz
- 80 g junger Gouda
- 1 Esslöffel Frischkäse

Zubereitung:

1. Zucchinis waschen und raspeln. In ein Sieb geben, reichlich salzen, eine Viertelstunde ziehen lassen und dann so viel Wasser wie möglich ausdrücken.

2. Gouda raspeln, Zwiebel schälen und in kleine Würfel schneiden. Beides mit Frischkäse und Eiern verrühren.

3. Die Frischkäsemasse mit den Zucchinistreifen und dem Mandelmehl vermengen, leicht pfeffern. Mandelmehl unterheben. Eine Ladung des Teigs in eine Pfanne mit heißem Öl geben, flach drücken und von beiden Seiten ca. 5 Minuten braten.

Oliven-Feta-Muffins

Vorbereitungszeit:	Kochzeit/Herstellung:	Portionen:
10 Minuten	**20 Minuten**	**2**

Zutaten:

- 20 entsteinte, grüne Oliven
- 250 g Mehl
- 2 Eier
- 125 Feta
- 75ml Olivenöl
- 1 Prise Salz
- Oregano-Muffinförmchen
- 2 Teelöffel Backpulver
- 250ml Milch

Zubereitung:

1. Oliven in Ringe schneiden, Feta würfeln. Öl, Milch und Eier in einer Schüssel verrühren. Mehl und Backpulver dazugeben und zu einem glatten Teig verrühren.

2. Etwas Salz und Oregano sowie die Oliven und den Feta dazugeben. Geben Sie einen Esslöffel Teig in jede Muffinform. 20 Minuten bei 180 ° C mit einem Ventilator backen.

Spaghetti mit Rindfleisch

Vorbereitungszeit:	Kochzeit/Herstellung:	Portionen:
10 Minuten	**35 Minuten**	**1**

Zutaten:

- 50 g Dinkelspätzle
- 40 g frisches Rindfleisch
- ½ Lauch
- 1 kleine Karotte
- 1 Prise Zucker
- 1 Messerspitze Pfeffer
- 1 Prise Salz
- 3 bis 4 Esslöffel Olivenöl

Zubereitung:

1. Waschen Sie das Rindfleisch und tupfen Sie es mit Küchenpapier trocken. Schneiden Sie das Rindfleisch nun in 2 cm dicke Streifen und würzen Sie es mit Salz und Pfeffer. Waschen und putzen Sie anschließend das Gemüse.

2. Schneiden Sie die Karotte und den Lauch in dünne Scheiben.

3. Erhitzen Sie 4 Esslöffel Olivenöl in einer Pfanne und braten Sie die Rindfleischstreifen etwa 5 bis 8 Minuten an. Kochen Sie in der Zwischenzeit die Dinkelnudeln nach Anleitung.

4. Die fertigen Rinderstreifen aus der Pfanne nehmen und das Gemüse kurz mitbraten, bis es glasig ist. Pfeffer und Zucker zugeben und gut verrühren.

5. Das Rindfleisch zum Gemüse geben und kurz weiterbraten, bis das Fleisch wieder warm ist. Dann die Gemüse-Rindfleisch-Mischung zu den fertigen Nudeln geben und servieren.

Reisnudeln mit Lachs

Vorbereitungszeit: 10 Minuten | **Kochzeit/Herstellung:** 35 Minuten | **Portionen:** 4

Zutaten:

- 300 g Reisnudeln
- 2 Zwiebel
- 200 g frischer Lachs
- 1 Prise Salz
- 1 Prise Pfeffer
- 1 Spritzer Olivenöl
- 2 Esslöffel Schafskäse
- 800 ml Wasser
- 80 ml Histaminfreier Weißwein

Zubereitung:

1. Für die Reisnudeln mit Lachs schälen und würfeln Sie zunächst die Zwiebeln. Waschen Sie den frischen Lachs und schneiden Sie ihn ebenfalls in Würfel. Dann erhitzen Sie einen Schuss Öl in einem Topf und dünsten die Zwiebeln darin glasig an.

2. Den gewürfelten frischen Lachs dazugeben und mit histaminarmem Weißwein ablöschen. Mit dem Wasser aufgießen und die Reisnudeln zugeben.

3. Alles ca. 20 Minuten bei mittlerer Hitze köcheln lassen. Zum Schluss das fertige Gericht mit Salz und Pfeffer würzen und mit Olivenöl verfeinern. Den gewürfelten Schafskäse unterheben und warm servieren.

Mozzarella und Basilikum

Vorbereitungszeit: 10 Minuten | **Kochzeit/Herstellung:** 20 Minuten | **Portionen:** 2

Zutaten:

- 1 Prise Salz
- Schwarzer Pfeffer aus der Mühle
- ½ rote Paprika
- 1 kleine Karotte
- 2 Esslöffel Olivenöl
- Basilikumblätter (nach belieben)
- 80 g Mozzarella

Zubereitung:

1. Zunächst die Karotte schälen und fein raspeln, die Paprika waschen und in dünne Ringe schneiden. Den Mozzarella in 1/2 cm dünne Scheiben schneiden. Dann eine Mozzarellascheibe und einen Paprikaring auf einen Teller legen, bis alles aufgebraucht ist.

2. Das Olivenöl mit der fein geriebenen Karotte, dem Pfeffer und etwas Salz mischen und über den Mozzarella und die Paprika gießen. Dann die frischen Basilikumblätter waschen und den Teller damit dekorieren.

Kokosnuss-Reis

Vorbereitungszeit: 10 Minuten | **Kochzeit/Herstellung:** 45 Minuten | **Portionen:** 2

Zutaten:

- 1 Esslöffel Öl
- 500 g grüner Spargel
- 30 g Butterkäse
- 50 g Schafskäse

- 1 Esslöffel Apfelessig
- 1 Prise Salz
- 40 g Mozzarella
- Schwarzer Pfeffer aus der Mühle

Zubereitung:

1. Zunächst den grünen Spargel waschen und schälen, die Enden abschneiden. In der Zwischenzeit den Backofen auf Ober- und Unterhitze auf 200 ° C vorheizen. Ein kleines Backblech mit etwas Öl einfetten, den Spargel darauf legen und etwa 20 bis 25 Minuten garen.

2. In der Zwischenzeit die drei Käsesorten in Würfel schneiden, dann den Spargel aus dem Ofen nehmen und erneut mit Öl betupfen. Den Spargel mit den Käsewürfeln belegen und weitergaren, bis der Käse geschmolzen ist, dann aus dem Ofen nehmen.

3. In einer kleinen Schüssel den Apfelessig mit Salz und Pfeffer kräftig verrühren und über den Spargel gießen.

Spargel mit 3 Käsesorten

Vorbereitungszeit:	Kochzeit/Herstellung:	Portionen:
10 Minuten	**45 Minuten**	**4**

Zutaten:

- 500 ml Wasser
- 500 ml Kokosnussmilch
- 1 Prise Salz
- 1 Teelöffel Kräuter gemischt
- 350 g Kartoffeln
- 200 g Ingwer
- 1 Prise Pfeffer
- 1 Knoblauchzehe
- 2 Esslöffel Butter

Zubereitung:

1. Für die Kokosnuss-Kartoffelsuppe zunächst den Knoblauch putzen und fein hacken. Schälen Sie den Ingwer und hacken Sie ihn ebenfalls fein. Waschen, schälen und würfeln Sie die Kartoffeln.

2. Die Butter in einem Topf schmelzen und Knoblauch und Ingwer bei mittlerer Hitze ca. 2 Minuten andünsten.

3. Dann die Kartoffelwürfel zugeben und mit Kokosmilch und Wasser ablöschen. Die Suppe zugedeckt bei schwacher Hitze 20 Minuten köcheln lassen, bis die Kartoffeln gar sind.

4. Nun die Suppe pürieren und mit Salz, Pfeffer und gemischten Kräutern abschmecken.

Naturschnitzel mit Reis und Gemüse

Vorbereitungszeit:	Kochzeit/Herstellung:	Portionen:
10 Minuten	**45 Minuten**	**4**

Zutaten:

- 4 Esslöffel Öl
- 4 frische Geflügelschnitzel
- 500 g Reis
- 1 Spritzer Olivenöl
- 1 Prise Salz
- 400 g Brokkoli
- 1 Möhre
- 1 große Zwiebel
- 100 g Lauch
- 1 Prise Pfeffer
- 750 ml Wasser

Zubereitung:

1. Zuerst die frischen Schnitzel waschen und mit Küchenpapier trocken tupfen. Salzen und pfeffern Sie die Schnitzel und lassen Sie sie zugedeckt stehen.

2. In der Zwischenzeit schälen Sie die Möhre und schneiden sie in dünne Scheiben. Die Zwiebel schälen und in dünne Ringe schneiden. Brokkoli waschen und in Röschen schneiden. Lauch waschen und in Ringe schneiden. Das Gemüse in einer Pfanne mit 4 Esslöffeln Öl kurz anbraten.

3. In einer anderen Pfanne einen Schuss Öl zugeben und die Schnitzel von beiden Seiten 5 bis 8 Minuten bei mittlerer Hitze braten. In der Zwischenzeit den Reis nach Packungsanweisung bei mittlerer Hitze kochen. In der Zwischenzeit den Reis nach Packungsanweisung kochen. Reis, Gemüse und Schnitzel servieren.

Kürbis-Reis

Vorbereitungszeit:	Kochzeit/Herstellung:	Portionen:
10 Minuten	45 Minuten	4

Zutaten:

- 500 ml Wasser
- 2 mittelgroße Zwiebeln
- 1 Esslöffel Butter
- 500 g Reis
- 500 g Kürbis
- 1 Prise Salz
- 1 Teelöffel frische Petersilie
- 1 Teelöffel getrocknete Kräuter
- 2 Knoblauchzehen
- 1 Prise Pfeffer

Zubereitung:

1. Für den Reis die Zwiebel fein hacken und den Knoblauch schälen und pressen. Die Butter in einem Topf erhitzen und den Knoblauch und die Zwiebel darin kurz anbraten.

2. Dann den Reis dazugeben und mit Wasser aufgießen. Alles zum Kochen bringen und auf kleiner Stufe 10 bis 15 Minuten köcheln lassen. Dann die Kürbiswürfel zugeben und mit den getrockneten Kräutern, Salz und Pfeffer würzen.

3. Weitere 15 Minuten leicht köcheln lassen. In der Zwischenzeit die Petersilie waschen und grob hacken. Vor dem Verzehr mit der Petersilie garnieren.

Zucchini-Eintopf

Vorbereitungszeit:	Kochzeit/Herstellung:	Portionen:
10 Minuten	45 Minuten	4

Zutaten:

- 1 Esslöffel Olivenöl
- 250 ml Gemüsebrühe
- 1 Möhre
- 1 Prise Salz
- 450 g Zucchini
- Grüner Pfeffer
- ½ Zwiebel
- 1 Knoblauch

Zubereitung:

1. Für den Eintopf zunächst die Zwiebel schälen und fein würfeln. Den Knoblauch schälen und ebenfalls grob hacken.

2. Schneiden Sie die Karotte in dünne Scheiben, waschen und schälen Sie die Zucchini und schneiden Sie die in Würfel.

3. Das Öl in einem mittelgroßen Topf erhitzen und die Zwiebel mit dem Knoblauch darin glasig dünsten, mit der Gemüsebrühe ablöschen und das restliche Gemüse zugeben.

4. Die Zucchini bei mittlerer Hitze weitere 20 Minuten köcheln lassen. Mit Pfeffer und Salz würzen.

Hähnchen mit Currysauce

Vorbereitungszeit:	Kochzeit/Herstellung:	Portionen:
10 Minuten	40 Minuten	2

Zutaten:

- 150 g frisches Hähnchenfleisch
- 200 ml Kokosnussmilch
- ½ Eslöffel Currypulver
- 1 Prise weißer Pfeffer
- 1 Prise Salz
- 1 kleine Zwiebel
- 1 Esslöffel Butter

Zubereitung:

1. Zuerst das Hähnchenfleisch waschen und trocken tupfen, dann das Fleisch würfeln. Die Zwiebel schälen und fein hacken, Butter in einer Pfanne erhitzen und die Zwiebel darin glasig dünsten.

2. Dann das Hähnchen anbraten, bis es gar ist. Das Fleisch mit der Kokosmilch ablöschen und aufkochen lassen. Currypulver zugeben und gut verrühren. Alles weitere 20 Minuten leicht köcheln lassen. Mit Salz und Pfeffer abschmecken.

Histaminarme Pizza

Vorbereitungszeit:	Kochzeit/Herstellung:	Portionen:
10 Minuten	1 Stunde	1

Zutaten:

Für den Teig:

- 150 ml Milch
- 1 Ei
- 1 Teelöffel Salz
- 4 Teelöffel Backpulver
- 300 g Mehl

Zum Belegen:

- 200 g Mozzarella
- 1 Prise Salz
- 4 Paprikaschoten
- Oregano
- 100 g gekochte Putenbrust
- 1 Esslöffel Öl

Zubereitung:

1. Salz, Backpulver, Mehl, Milch und Ei in eine Schüssel geben und mit einem Knethaken zu einem Teig verkneten. Den Teig ausrollen und auf ein mit Backpapier ausgelegtes Backblech legen.

2. Für die Paprikasauce die Paprika waschen und in kleine Würfel schneiden. Mit etwas Wasser bedecken und in einem Topf ca. 20 Minuten köcheln lassen, damit die Paprika weich werden.

3. Dann mit einem Stabmixer zu einer feinen Masse pürieren, mit Salz und Oregano würzen. Den Teig mit etwas Öl bepinseln und die Paprikasauce dazugeben. Den Mozzarella in Scheiben schneiden, die Putenbrust in feine Streifen schneiden. Die Putenbrust auf die Pizza legen, dann die Mozzarellascheiben. Bei 180 ° C etwa 20 Minuten backen

Mediterranes Ofengemüse

Vorbereitungszeit:	Kochzeit/Herstellung:	Portionen:
10 Minuten	55 Minuten	2

Zutaten:

- Kräuter der Provence
- 1 Esslöffel Öl
- 2 Möhren
- 6 Kartoffeln
- 1 Paprika
- 1 Zucchini 150 g Schafskäse (z.B. Feta)

Zubereitung:

1. Waschen Sie die Möhren und Paprika und entfernen Sie den Strunk. Die Kartoffeln schälen und in mitteldicke Scheiben schneiden. Schneiden Sie das restliche Gemüse in Scheiben.

2. Das Gemüse in einer Schüssel mit Öl übergießen, die Kartoffeln und dann die Kräutermischung dazugeben und vermischen. Alles auf ein Backblech geben und bei 200 ° C eine halbe Stunde lang backen. Den Schafskäse würfeln und über das Gemüse gießen, weitere zehn Minuten backen, bis die Kartoffeln gar sind.

Salat mit Hähnchenstreifen

Vorbereitungszeit:	Kochzeit/Herstellung:	Portionen:
15 Minuten	40 Minuten	2

Zutaten:

- 15 g Butter
- 100 g Hähnchenfleisch (frisch)
- ½ rote Paprika
- 40 g Kopfsalatblätter
- 1 Messerspitze Pfeffer
- 1 Prise Salz
- 2 bis 3 Esslöffel Apfelessig
- 2 Esslöffel Öl
- 1 kleine Karotte
- Etwas Essig

Zubereitung:

1. Zuerst waschen Sie das Hänchenfleisch und schneiden es in Streifen. Für den Salat waschen Sie die Paprikaschoten und schneiden die in Ringe.

2. Die Karotte schälen und fein raspeln, die Salatblätterebenfalls waschen und in einer Schüssel grob zupfen. Paprika, Möhren, Öl, Essig und Zucker zu den Blättern geben, verrühren und einen Moment stehen lassen. Erhitzen Sie in der Zwischenzeit die Butter in einer Pfanne, würzen Sie die Hähnchenstreifen mit Salz und Pfeffer und braten Sie die an. Den Salat mit den Hähnchenstreifen mischen und genießen.

Mozzarella Basilikum Vorspeise

Vorbereitungszeit:	Kochzeit/Herstellung:	Portionen:
10 Minuten	35 Minuten	2

Zutaten:

- Basilikumblätter (nach Belieben)
- 2 Esslöffel Olivenöl
- ½ rote Paprika
- 1 Prise schwarzer Pfeffer aus der Mühle
- 1 kleine Karotte
- 1 Prise Salz
- 1 Prise Pfeffer
- 80 g Mozzarella

Zubereitung:

1. Zunächst die Karotte schälen und fein raspeln, die Paprika waschen und in dünne Ringe schneiden. Schneiden Sie den Mozzarella in ½ cm dünne Scheiben.

2. Dann legen Sie eine Scheibe Mozzarella und einen Paprikaring auf einen Teller, bis alles aufgebraucht ist.

3. Mischen Sie das Olivenöl mit der fein geriebenen Karotte, Pfeffer und etwas Salz und gießen Sie es über den Mozzarella und die Paprika.

4. Dann waschen Sie die frischen Basilikumblätter und dekorieren den Teller.

Vollkornspaghetti mit Lachs

Vorbereitungszeit:	Kochzeit/Herstellung:	Portionen:
10 Minuten	20 Minuten	2

Zutaten:

- 4 Esslöffel Dinkelmehl

- 50 g tiefgefronerer Lachs
- 250 ml Wasser
- 1 Teelöffel frische Kräuter
- 1 Messerspitze Pfeffer
- 1 Prise Salz
- 40 ml Schlagsahne
- 1 Teelöffel Butter
- 60 g Vollkornspaghetti

Zubereitung:

1. Den Lachs waschen und in Würfel schneiden.

2. Dann die Butter in einem Topf erhitzen und das Dinkelmehl kurz anschwitzen, mit Wasser ablöschen, die Dinkelspaghetti und die Schlagsahne dazugeben, alles zum Kochen bringen.

3. Nach 15 bis 20 Minuten den Lachs unterheben und weitere 5 bis 8 Minuten bei kleiner Hitze köcheln lassen, bis der Lachs gar ist.

4. Mit Salz, Pfeffer und frischen Kräutern verfeinern.

Omelett mit Mozzarella

Vorbereitungszeit:	Kochzeit/Herstellung:	Portionen:
10 Minuten	20 Minuten	2

Zutaten:

- 100 g Butter
- 100 g Mehl
- 60 g Streuzucker
- 4 dicke Briochescheiben
- 4 Eier
- 1 Päckchen Vanillezucker
- 200 ml Milch
- 2 EL Orangenblütenwasser
- 2 Vanilleschoten
- 1 Prise Salz
- 1 Petersilie
- Etwas Olivenöl
- 1 Mozzarella
- 4 große Orangen

Zubereitung:

1. Für das Omelett verrühren Sie zunächst die Eier mit Milch, Salz, Pfeffer und Petersilie in einer Schüssel.

2. Lassen Sie das Olivenöl in einer Pfanne heiß werden.

3. In der Zwischenzeit schneiden Sie den Mozzarella in dünne Scheiben.

4. Gießen Sie die Eimischung in die Pfanne und backen Sie das Omelett ca. 5 Minuten bei geringer Hitze, bis es fest wird, dann wenden Sie es einmal.

5. Zum Schluss das Omelett mit dem Mozzarella belegen und bei mittlerer Hitze weiterbacken, bis der Käse geschmolzen ist.

Honig-Möhren

Vorbereitungszeit:	Kochzeit/Herstellung:	Portionen:
10 Minuten	50 Minuten	1

Zutaten:

- ½ Esslöffel Butter
- 2 kleine Mohrrüben
- 150 ml Kokosnussmilch
- 1 Prise Salz
- 100 ml Wasser
- 2 Esslöffel Honig

Zubereitung:

1. Zunächst die Kokosmilch mit 1 Teelöffel Honig verrühren und zugedeckt im Kühlschrank abkühlen lassen. In der Zwischenzeit schälen Sie die Möhren. Bringen Sie in einem kleinen Topf das Wasser mit Salz zum Kochen und lassen Sie die Karotten 20 Minuten im heißen Wasser liegen. Schneiden Sie die Möhren dann in dünne Scheiben. Schmelzen Sie die Butter in einem Bräter und braten Sie die Möhren unter mehrmaligem Wenden kurz an. Zum Schluss den Honig zugeben und die Möhren karamellisieren lassen. Gießen Sie die kalte Honig-Kokosmilch über die Honigkarotten.

Feines Hähnchenbrustfilet

Vorbereitungszeit:	Kochzeit/Herstellung:	Portionen:
10 Minuten	35 Minuten	2

Zutaten:

- 3 Esslöffel Olivenöl
- 400 g Hähnchenbrustfilet (frisch)
- 1 Messerspitze Pfeffer
- 1 Prise Salz
- 1 Esslöffel frische Petersilie
- 200 ml Schlagsahne
- 2 Esslöffel Dinkelmehl
- 75 ml Wasser
- ½ Lauch
- ½ Teelöffel Paprikapulver
- 2 Zwiebeln

Zubereitung:

1. Waschen Sie zunächst das Hähnchenbrustfilet und tupfen Sie es mit einem Papiertuch trocken. Die Zwiebel schälen und fein würfeln.

2. Waschen Sie den Lauch und schneiden Sie ihn in dünne Ringe. Dann das Olivenöl in einer Pfanne erhitzen und das Hähnchenbrustfilet reinlegen.

3. Dann die fein gehackten Zwiebeln zugeben und unter mehrmaligem Wenden anbraten. Mit Wasser ablöschen und die Schlagsahne hinzufügen.

4. Unter ständigem Rühren zum Kochen bringen. Dann weitere 15 Minuten bei mittlerer Hitze köcheln lassen. Etwas Wasser mit 2 Esslöffeln Dinkelmehl verrühren und unter ständigem Rühren in die Pfanne gießen.

5. Das Ganze mit Paprika, Salz und Pfeffer würzen.Vor dem Servieren die Hähnchenstreifen mit fein gehackter Petersilie garnieren.

Gemüsekasserolle

Vorbereitungszeit:	Kochzeit/Herstellung:	Portionen:
10 Minuten	55 Minuten	2

Zutaten:

- 2 bis 3 Esslöffel Olivenöl
- ½ Teelöffel frischer Dill
- 1 Teelöffel frische Petersilie
- 1 Messerspitze Pfeffer
- 1 Prise Salz
- 40 g geriebener Butterkäse
- 50 ml saure Sahne
- 100 ml Schlagsahne
- 2 kleine Möhren
- 1 kleine Zwiebel
- 50 g Blumenkohl
- 70 g Brokkoli
- 2 Kartoffeln

Zubereitung:

1. Zuerst die Kartoffeln schälen und in ½ cm dünne Scheiben schneiden. Den Brokkoli und Blumenkohl waschen und in Röschen schneiden, die Zwiebel schälen und fein hacken.

2. Die zwei kleinen Möhren schälen und in dünne Scheiben schneiden. In einer Schüssel die Schlagsahne, saure Sahne, frischen Dill und frische Petersilie gut verrühren und unter das Gemüse heben. Das Ganze mit Salz und Pfeffer würzen.

3. Die Auflaufform mit Olivenöl bepinseln und mit dem Gemüse füllen. Den Gemüseauflauf im Backofen bei 180 ° C Ober- und Unterhitze für 15 Minuten backen. In der Zwischenzeit den Butterkäse fein reiben.

4. Nach 15 Minuten den Gemüseauflauf aus dem Ofen nehmen und mit dem fein geriebenen Butterkäse bedecken.

5. Den Gemüseauflauf wieder in den heißen Ofen schieben und weitere 5 bis 10 Minuten backen. Bis der Butterkäse geschmolzen ist und eine leicht goldene Schicht hat. Nehmen Sie den Gemüseauflauf aus dem Ofen und decken Sie ihn für ca. 10 Minuten ab.

Gemischte Reispfanne

Vorbereitungszeit:	Kochzeit/Herstellung:	Portionen:
10 Minuten	45 Minuten	2

Zutaten:

- 1 Prise Pfeffer
- 1 Messerspitze Zucker
- 2 Minzblätter
- 1 Prise Salz
- 3 bis 4 Esslöffel Öl
- 350 g Reis
- 1 L Gemüsebrühe
- 1 Teelöffel frischer Dill
- 1 Esslöffel frische Petersilie
- 1 rote Paprika
- 3 Knoblauchzehe
- 2 Zwiebeln
- 50 g frisches Rindfleisch
- 145 g Hähnchenbrustfilet (frisch)

Zubereitung:

1. Für die Reispfanne die Zwiebel fein hacken, den Knoblauch schälen und durch eine Presse drücken.
2. Das Fleisch waschen und sowohl das Hähnchenfilet als auch das Rindfleisch grob würfeln.
3. Die Paprikaschoten waschen und in Streifen schneiden. Das Öl in einem Topf erhitzen und das Gemüse 5 Minuten dünsten.
4. Dann das Fleisch unter mehrmaligem Wenden anbraten. Die frisch gehackten Kräuter dazugeben und mit Salz, Pfeffer und Zucker verfeinern.
5. Den Reis dazugeben und alles bei mittlerer Hitze köcheln lassen, bis der Reis die Flüssigkeit aufgesogen hat. Den Reis mit der Minze auf einem Teller anrichten.

Dinkelnudelauflauf mit Brokkoli

Vorbereitungszeit:	Kochzeit/Herstellung:	Portionen:
10 Minuten	1 Stunde 30 Minuten	2

Zutaten:

- 1 Messerspitze Salz
- 2 Esslöffel Butter
- 60 g Schafskäse
- 1 Prise Pfeffer
- 50 ml Schlagsahne
- 1 Ei
- 150 ml saure Sahne
- 350 g Brokkoli
- 2 kleine Möhren
- 1 große Zwiebel
- 1 Packung Dinkelnudeln
- 1 mittlere Kartoffel

Zubereitung:

1. Kochen Sie die Dinkelnudeln nach Anleitung. In der Zwischenzeit schälen Sie die große Zwiebel und würfeln sie. Die Möhren schälen und fein raspeln.
2. Die Kartoffel schälen, waschen und in große Würfel schneiden. Brokkoli waschen und in Röschen zerteilen. In einer Schüssel die saure Sahne mit der Schlagsahne und dem Ei verrühren und mit Salz und Sahne mit der Schlagsahne und dem Ei verrühren und mit Salz und Pfeffer würzen.
3. Eine Auflaufform mit Butter einfetten und mit dem Gemüse füllen. Die Sauerrahmmischung über das Gemüse gießen und mit zerbröseltem Schafskäse belegen.
4. Im Backofen bei 180 ° C etwa 25 bis 30 Minuten backen. Nach 30 Minuten nehmen Sie den Auflauf aus dem Ofen und lassen ihn vor dem Servieren 10 Minuten ruhen.

Krautsalat

Vorbereitungszeit:	Kochzeit/Herstellung:	Portionen:
10 Minuten	20 Minuten	3

Zutaten:

- 1 Prise Pfeffer
- 1 Prise Salz
- 2 Mohrrüben
- 500 g Weißkohl
- 1 Teelöffel Zucker
- 4 Esslöffel Öl
- 4 Esslöffel Saft

Zubereitung:

1. Möhren und Kohl waschen, den Strunk entfernen und in dünne Streifen schneiden. Pfeffer, Salz, Zucker und Verjus mit Öl verrühren.

2. Kohl und Möhren in die Verjus-Öl-Mischung geben und gut vermengen.

3. Dann zugedeckt 2 Stunden ziehen lassen.

Karottensalat mit Kräutern

Vorbereitungszeit:	Kochzeit/Herstellung:	Portionen:
10 Minuten	30 Minuten	4

Zutaten:

- 1 Messerspitze Pfeffer
- 1 Messerspitze Salz
- ½ Teelöffel Paprikapulver
- 3 Esslöffel frische Petersilie
- 3 Esslöffel frisches Basilikum
- 1 Esslöffel Honig
- 3 Esslöffel Olivenöl
- 250 ml Gemüsebrühe
- 10 bis 15 große Karotten
- 4 Knoblauchzehen
- 3 Esslöffel Margarine
- 1 große Zwiebel

Zubereitung:

1. Für den Salat zunächst die Zwiebeln schälen und fein hacken, die Karotten schälen und in dünne Scheiben schneiden, die Knoblauchzehen schälen und fein pressen.

2. Schmelzen Sie die Margarine in einer Pfanne und braten Sie das geschnittene Gemüse darin an. Dann mit der Gemüsebrühe ablöschen und 10 Minuten auf kleiner Flamme köcheln lassen.

3. So lange, bis die Möhren bissfest sind. Gießen Sie die überschüssige Flüssigkeit ab und lassen Sie das Gemüse abkühlen. Für das Salatdressing Olivenöl mit Honig, Basilikum, Petersilie und 2 bis 3 Esslöffel des restlichen Wassers in einer Schüssel verrühren.

4. Das Dressing mit Salz, Pfeffer und Paprikapulver abschmecken und über den abgekühlten Salat geben.

Rindergulasch

Vorbereitungszeit:	Kochzeit/Herstellung:	Portionen:
10 Minuten	35 Minuten	2

Zutaten:

- 1 Messerspitze Pfeffer
- Frische Kräutermischung
- 1 Prise Salz
- 1 Prise Zucker
- 100 ml alkoholfreies Bier
- 4 Esslöffel Butter
- 2 Mohrrüben
- 4 Zwiebeln
- 550 ml Wasser
- ½ Esslöffel Paprikapulver
- 350 g frisches Rindfleisch

Zubereitung:

1. Für das Gulasch zunächst das Fleisch waschen, trocken tupfen und in große Würfel schneiden. Die Zwiebel schälen und würfeln, die Möhren schälen und fein raspeln.

2. Dann die Butter in einem großen Topf schmelzen lassen und die Zwiebelwürfel und die fein geriebenen Möhren darin glasig dünsten.

3. Geben Sie immer wieder einen Schuss Wasser hinzu. Braten Sie die Zwiebeln an, bis sie fast weich sind. Geben Sie das Fleisch in den Topf und köcheln Sie es, bis es durchgebraten ist.

4. Dann gießen Sie die 100 ml alkoholfreies Bier über das Fleisch. Dies dient dazu, das Fleisch später zart zu machen. Gießen Sie das restliche Wasser über das Fleisch und bringen Sie es zum Kochen.

5. Das Gulasch 2 Stunden bei mittlerer Hitze köcheln lassen. Das Gulasch mit Paprika, Salz und Pfeffer würzen. Verfeinern Sie das Gulasch vor dem Servieren mit frischen Kräutern.

Türkische Reis-Joghurt-Suppe

Vorbereitungszeit:	Kochzeit/Herstellung:	Portionen:
10 Minuten	**30 Minuten**	**4**

Zutaten:

- 1 Prise Salz
- Schwarzer Pfeffer aus der Mühle
- 1 Teelöffel frische Pfefferminze
- 2 Esslöffel Mehl
- 250 g Naturjoghurt
- 100 g Reis
- 500 ml Gemüsebrühe
- 2 Esslöffel Butter
- 2 Eigelb
- 1 Zwiebel

Zubereitung:

1. Die Zwiebel schälen und fein hacken. Dann erhitzen Sie 2 Esslöffel Butter in einer Pfanne und braten die Zwiebel darin glasig.

2. Gießen Sie die Zwiebel mit der Gemüsebrühe auf und geben Sie den Reis hinzu. Kochen Sie die Reissuppe 12 Minuten lang, bis der Reis durchgekocht ist.

3. Verrühren Sie in einer Schüssel den Joghurt, das Mehl und das Eigelb gut miteinander. Nehmen Sie die fertige Reissuppe vom Herd und geben Sie die Joghurtmischung langsam und unter ständigem Rühren dazu.

4. Die Suppe wieder auf den Herd stellen und bei mittlerer Hitze köcheln lassen, bis die Suppe eindickt. Würzen Sie die Reissuppe mit Salz und Pfeffer.

5. Anschließend die Pfefferminzblätter waschen und fein hacken. Dann die fertige Reis-Joghurt-Suppe mit der Pfefferminze garnieren.

Kartoffel-Ingwer-Eintopf

Vorbereitungszeit:	Kochzeit/Herstellung:	Portionen:
10 Minuten	**55 Minuten**	**2**

Zutaten:

- 2 kg Rindergulasch
- 5 Kartoffeln
- 4 Knoblauchzehen
- 3 Zwiebeln
- 1 Liter Rotwein
- 2 Karotten
- 1 l Rinderbrühe
- 1 Bund Petersilie
- 3 Paprika
- 2 EL Majoran
- 4 EL Butter
- 2 TL Chipotle Chili
- 3 EL Tomatenmark
- 1 EL Paprika (geräuchert)
- 2 Lorbeerblätter

- 1 Prise Zucker
- 1 Prise Salz und Pfeffer

Zubereitung:

1. Das Rindergulasch waschen und würfeln. Zwiebeln, Kartoffeln, Karotten und Knoblauch schälen und in kleine Stücke schneiden. Paprika in Scheiben schneiden. Waschen und hacken die Petersilie.

2. Stellen Sie den holländischen Ofen auf 12 Briketts (entzünden). Die Butter in den holländischen Ofen geben und erhitzen. Fügen Sie das Fleisch hinzu und braten Sie es kurz. Fügen Sie den Knoblauch, die Zwiebeln und den Tomatenmark hinzu. Alles mit Rotwein und Rinderbrühe übergießen und mit Lorbeerblättern, Paprika, Chili und Majoran würzen.

Hähnchenfilet in Kokosnussmilch

Vorbereitungszeit:	Kochzeit/Herstellung:	Portionen:
15 Minuten	1 Stunde	2

Zutaten:

- 1 Messerspitze Pfeffer
- 1 Prise Salz
- 50 g Mango
- 1 Teelöffel Currypulver
- 75 ml Kokosnussmilch
- 400 g Hähnchenfilet (frisch)
- 2 Esslöffel Butter
- 1 kleine Zwiebel

Zubereitung:

1. Die Zwiebel schälen und grob würfeln. Die Mango schälen und würfeln. Die Butter in einem Topf erhitzen und die Zwiebel darin 5 Minuten glasig dünsten. Dann das Hähnchenfleisch zugeben und anbraten. Die Mango zugeben, kurz mitbraten und mit der Kokosmilch ablöschen und weitere 10 Minuten bei geringer Hitze köcheln lassen.

2. Mit Currypulver, Salz und Pfeffer abschmecken und 30 Minuten köcheln lassen, dabei immer wieder umrühren.

Gemüsespaghetti

Vorbereitungszeit:	Kochzeit/Herstellung:	Portionen:
15 Minuten	55 Minuten	2

Zutaten:

- 1 Messerspitze Pfeffer
- 1 Prise Salz
- 1 Teelöffel frischer Oregano
- 1 Teelöffel frische Petersilie
- 2 bis 3 Esslöffel Olivenöl
- 50 ml Gemüsebrühe
- 1 Knoblauchzehe
- ½ rote Paprika
- ½ Lauch
- 1 Zwiebel
- 1 kleine Karotte
- 1 Zucchini
- 50 g Kürbis
- 250 g Dinkelspaghetti

Zubereitung:

1. Die Zwiebeln schälen und fein würfeln. Möhren schälen, waschen und fein raspeln, Zucchini schälen und in Würfel schneiden.

2. Den Lauch waschen und in dünne Ringe schneiden, die Paprika waschen und in feine Würfel schneiden. Die Knoblauchzehe schälen und durch eine Presse drücken. Das Kürbisfruchtfleisch grob würfeln. Dann das Olivenöl in einer großen Pfanne erhitzen.

3. Die Zwiebel und den Knoblauch kurz andünsten. Dann das restliche Gemüse zugeben und bei mittlerer Hitze ca. 5 Minuten unter ständigem Rühren garen.

4. Gießen Sie die Gemüsebrühe über das Gemüse und mischen Sie diese mit Salz, Pfeffer und den frisch gehackten Kräutern.

5. Lassen Sie das Ganze 20 Minuten bei schwacher Hitze köcheln. Kochen Sie in der Zwischenzeit die Dinkelspaghetti nach Anleitung. Geben Sie dann die gekochten Spaghetti zum Gemüse.

Dinkelbrötchen mit mediterranen Kräutern

Vorbereitungszeit: 15 Minuten
Kochzeit/Herstellung: 1 Stunde 15 Minuten
Portionen: 6

Zutaten:

- Etwas Dinkelmehl für die Arbeitsfläche
- 1 Teelöffel mediterrane Kräuter
- 50 ml Olivenöl
- 50 ml Reismilch
- 100 ml warmes Wasser
- 1 Prise Zucker
- 3 Esslöffel Backpulver
- ½ Teelöffel Salz
- 350 g Dinkelmehl

Zubereitung:

1. Für die Brötchen heizen Sie den Backofen auf 180 ° C vor und legen ein Backblech mit Backpapier aus. Dann das Dinkelmehl mit Salz, Backpulver, mediterranen Kräutern, Zucker, Wasser, Reismilch und Olivenöl in einer Schüssel vermischen und mit den Händen 5 Minuten lang gut durchkneten.

2. Sollte der Teig zu trocken sein, fügen Sie etwas mehr Wasser hinzu. Anschließend den Teig zu einer großen Kugel formen und zugedeckt 1 Stunde ruhen lassen.

3. Nach einer Stunde die Arbeitsfläche mit Dinkelmehl bestreuen und den Teig kurz darauf durchkneten. Anschließend den Teig zu 6 gleich großen Kugeln formen und auf das Backblech legen.

4. Die Dinkelbrötchen im Backofen 30 Minuten lang backen.

Frischkäse-Rettich-Salat

Vorbereitungszeit: 10 Minuten
Kochzeit/Herstellung: 30 Minuten
Portionen: 1

Zutaten:

- 10 ml Leinsamenöl
- 10 g Petersilie
- ½ Salatgurke
- 10 g Chiasamen
- 200 g körniger Frischkäse
- 1 Handvoll Radieschen
- 1 Prise Salz
- 10 g Leinsamen

Zubereitung:

1. Waschen Sie zunächst die Gurke und die Radieschen.

2. Entfernen Sie den Stiel der Radieschen. Schälen Sie die Gurke und schneiden Sie das mit den Radieschen in Scheiben.

3. Waschen und hacken Sie die Petersilie. Mischen Sie diese mit der Gurke und den Radieschen.

4. Anschließend mit Salz würzen. Mischen Sie das Leinöl mit den Chiasamen und den Leinsamen.

5. Geben Sie die Mischung zu den Radieschen und rühren Sie erneut um.

6. Geben Sie dann den Frischkäse hinzu und mischen Sie ihn vorsichtig. Den fertigen Salat anrichten.

Gefüllte und gebackene Kartoffeln

Vorbereitungszeit: 10 Minuten

Kochzeit/Herstellung: 1 Stunde 15 Minuten

Portionen: 2

Zutaten:

- 25 g Bärlauch
- 1 Prise Salz und weißer Pfeffer
- Gemischter Kräuter nach Wahl
- 1 Prise Knoblauchpulver
- 100 g Butter
- 4 Kartoffeln

Zubereitung:

1. Heizen Sie zunächst den Backofen auf 200 ° C vor.

2. In der Zwischenzeit waschen Sie die Kartoffeln und wickeln sie in Alufolie ein. Geben Sie diese für 1 Stunde in den Ofen und garen Sie sie.

3. Waschen und hacken Sie die Kräuter. Mischen Sie diese mit der Butter und würzen Sie mit Salz und Pfeffer.

4. Verrühren Sie die Kräuterbutter gut. Wickeln Sie die fertigen Kartoffeln aus der Folie und schneiden Sie sie auf.

5. Dann mit der Kräuterbutter füllen und servieren.

Salbei-Gnocchi

Vorbereitungszeit: 10 Minuten

Kochzeit/Herstellung: 35 Minuten

Portionen: 4

Zutaten:

- 250 g Dinkelmehl
- 50 g Mozzarella
- 1 Ei
- 1 Bund Salbei
- 1 Prise Salz und Pfeffer
- 1 kg gekochte Kartoffeln
- 80 g Butter

Zubereitung:

1. Die gekochten Kartoffeln schälen und pürieren. Fügen Sie das Mehl, das Ei und Salz und Pfeffer hinzu.

2. Mehl, Ei, Salz und Pfeffer dazugeben. Kneten Sie die Masse zu einem Teig und formen Sie ihn zu Rollen.
3. Diese auf die Größe von Gnocchi schneiden und mit einer Gabel von beiden Seiten eindrücken. Bringen Sie das Wasser zum Kochen und kochen Sie die Gnocchi darin 5 Minuten.

4. Anschließend 5 Minuten ziehen lassen und abgießen. Die fertigen Gnocchi abtropfen lassen. In der Zwischenzeit eine Pfanne erhitzen und die Butter darin schmelzen lassen.

5. Die Salbeiblätter zugeben und 1-2 Minuten braten. Dabei immer wieder umrühren. Die Gnocchi dazugeben und darin schwenken. Die Salbeignocchi nochmals mit Salz und Pfeffer würzen und servieren.

6. Schneiden Sie den Mozzarella in kleine Stücke und verteilen Sie ihn über die fertigen Gnocchi.

Paprika mit Gemüsefüllung

Vorbereitungszeit: 10 Minuten
Kochzeit/Herstellung: 35 Minuten
Portionen: 4

Zutaten:

- 2 Esslöffel Kokosöl
- 1 Prise Salz und Pfeffer
- 400 g Magerquark
- 8 Radieschen
- 4 Paprikaschoten
- ½ Kohlrabi
- 1 Bund Schnittlauch
- 1 Karotte
- ½ Bund Petersilie

Zubereitung:

1. Kohlrabi und Karotte schälen und raspeln. Radieschen und Gurke waschen und raspeln.

2. Den Schnittlauch waschen und hacken. Petersilie waschen und hacken.

3. Den Magerquark verrühren. Das geraspelte Gemüse und die Kräuter dazugeben und verrühren.

4. Den Quark mit Salz und Pfeffer würzen.

5. Die Paprikaschoten waschen, entkernen und die Paprikahälften mit dem Gemüsequark füllen.

Käse-Sahne-Gemüse-Auflauf

Vorbereitungszeit: 15 Minuten
Kochzeit/Herstellung: 55 Minuten
Portionen: 4

Zutaten:

- 1 kg Brokkoli
- 500 g Zucchini
- 400 ml frische Sahne
- 500 g Möhren
- 150 g junger Gouda
- 1 Prise Salz und Pfeffer

Zubereitung:

1. Waschen Sie die Zucchini und den Brokkoli. Teilen Sie den Brokkoli in Röschen. Schneiden Sie die Zucchini in Scheiben.

2. Schälen Sie die Möhren und schneiden Sie sie in Scheiben. Den Gouda raspeln. Den Backofen auf 125 ° C vorheizen. Wasser aufkochen. Die Möhren und den Brokkoli zugeben und 5 Minuten kochen.

3. Dann die Zucchini zugeben und 1 Minute kochen. Das Gemüse abgießen und gut abtropfen lassen. Verteilen Sie die Gemüsescheiben in einer Auflaufform. Mischen Sie die Sahne und den Käse.

4. Mit Salz und Pfeffer würzen und die Mischung über das Gemüse gießen. Backen Sie den Auflauf 10-15 Minuten lang.

Gratinierter Spargel

Vorbereitungszeit: 10 Minuten | **Kochzeit/Herstellung:** 45 Minuten | **Portionen:** 3

Zutaten:

- 1 Prise Salz und weißer Pfeffer
- 700 g weißer Spargel
- 2 Esslöffel frische Sahne
- 80 g Butter
- 2 Esslöffel Apfelessig
- 2 Schalotten
- 75 g geriebener junger Gouda-Käse
- 700 g grüner Spargel

Zubereitung:

1. Zunächst den Backofen auf 180 ° C vorheizen. Den weißen Spargel schälen. Waschen Sie zunächst den Backofen auf 180 ° C vor.

2. Schälen Sie den weißen Spargel. Waschen Sie den grünen Spargel. Bei beiden Spargelsorten die holzigen Enden entfernen. Die Schalotten schälen und würfeln.

3. Die Butter in einer Pfanne erhitzen und die Schalotten darin andünsten. Den Essig mit 25 g Gouda, der Sahne und den Schalotten verrühren.

4. Die Sauce mit Salz und Pfeffer abschmecken. Den Spargel in einer Auflaufform ausbreiten und mit der Sauce übergießen. Streuen Sie dann den restlichen Gouda darüber und backen Sie den Auflauf 5 Minuten lang.

Spaghetti mit Grünkohl-Sahne-Sauce

Vorbereitungszeit: 10 Minuten | **Kochzeit/Herstellung:** 25 Minuten | **Portionen:** 2

Zutaten:

- 300 g Grünkohl
- 1 Prise Salz und weißer Pfeffer
- 50 g junger Gouda
- 300 g Spaghetti
- 120 g frische Sahne
- 1 Eigelb
- 1 gehackte Knoblauchzehe

Zubereitung:

1. Den Grünkohl waschen, trocknen und hacken. Den Gouda reiben. Die Spaghetti nach Anleitung kochen. 5 Minuten vor Ende der Garzeit den Grünkohl zugeben und mitgaren.

2. Die Sahne in einem Topf erhitzen, in eine Schüssel geben und mit dem Käse, dem Knoblauch und dem Eigelb verrühren.

3. Die Sauce mit Pfeffer abschmecken und nochmals umrühren.

4. Die Nudeln und den Grünkohl abgießen und abtropfen lassen. Dann die Sahnesoße unterrühren.

Fruchtiger Karotten- und Brokkolisalat

Vorbereitungszeit:	Kochzeit/Herstellung:	Portionen:
10 Minuten	30 Minuten	1

Zutaten:

- 100 g Brokkoli
- 1 Teelöffel Agavendicksaft
- 40 g Apfel
- 40 g Möhren
- 1 Prise Salz
- 1 Teelöffel Olivenöl
- ½ Esslöffel Apfelessig

Zubereitung:

1. Waschen Sie den Brokkoli, den Apfel und die Möhren und schneiden Sie sie in kleine Stücke.

2. Mischen Sie das Olivenöl mit dem Agavendicksaft, dem Essig und etwas Salz.

3. Richten Sie den Salat an und gießen Sie das Dressing darüber.

Kartoffel-Brokkoli-Auflauf

Vorbereitungszeit:	Kochzeit/Herstellung:	Portionen:
15 Minuten	1 Stunde	4

Zutaten:

- 200 g Sahne
- 20 g gehackte Petersilie
- 2 Zwiebeln
- 2 Esslöffel Dinkelmehl
- 1 Esslöffel Olivenöl
- 500 g Brokkoli
- 200 g geriebener junger Gouda-Käse
- 20 g Schnittlauchröllchen
- Geriebene Muskatnuss
- 400 g Kartoffeln
- 1 Prise Pfeffer

Zubereitung:

1. Die Kartoffeln schälen und würfeln. Bringen Sie das Wasser zum Kochen und lassen Sie die Kartoffeln schälen und würfeln.

2. Bringen Sie das Wasser zum Kochen und lassen Sie die Kartoffeln darin garen. In der Zwischenzeit den Brokkoli waschen und in Röschen schneiden.

3. Das Wasser erneut zum Kochen bringen und den Brokkoli darin 1 Minute blanchieren. Die Zwiebeln schälen und würfeln. Eine Pfanne mit Öl erhitzen und die Zwiebeln darin andünsten.
4. Dann die Sahne portionsweise zugeben. Dann die Kräuter und das Mehl einrühren. Die Soße eindicken lassen und mit Salz, Pfeffer und Muskatnuss abschmecken.

5. Geben Sie die Kartoffeln und den Brokkoli in eine Auflaufform.

6. Die Sauce darüber gießen. Zum Schluss streuen Sie den Gouda darüber und backen den Auflauf bei 180 ° C 25 Minuten lang.

Ofengemüse mit Kabeljau

Vorbereitungszeit:	Kochzeit/Herstellung:	Portionen:
10 Minuten	1 Stunde	2

Zutaten:

- ½ Zucchini
- 1 Esslöffel Kokosnussöl
- 150 g Brokkoli
- 1 Prise Salz und Pfeffer
- 150 g Kartoffeln
- Einige Basilikumblätter
- 2 Kabeljaufilets
- Einige Zweige Rosmarin

Zubereitung:

1. Schälen Sie zunächst die Kartoffeln. Waschen Sie die Zucchini und den Brokkoli. Würfeln Sie die Zucchini und die Kartoffeln. Teilen Sie den Brokkoli in Röschen.

2. Rosmarin und Basilikum waschen und hacken. Öl in einer Pfanne erhitzen. Die Kartoffeln darin bei geschlossenem

3. Deckel anbraten. Dann den Brokkoli und die Zucchini dazugeben. Das ganze Gemüse 5 Minuten garen lassen.

4. Den Backofen auf 190 ° C vorheizen. Die Kabeljaufilets waschen, trocknen und in eine Auflaufform legen. Mit Salz und Pfeffer würzen. Das Gemüse mit Basilikum, Salz, Rosmarin und Pfeffer würzen.

5. Geben Sie das Gemüse in eine separate Auflaufform. Das Gemüse und den Fisch 15 Minuten im Ofen garen. Servieren Sie den Kabeljau mit dem Gemüse und garnieren Sie ihn mit ein wenig Basilikum.

Gebackenes Gemüse

Vorbereitungszeit:	Kochzeit/Herstellung:	Portionen:
10 Minuten	1 Stunde	4

Zutaten:

- 500 g Karotten
- 4 Teelöffel Olivenöl
- 2 Teelöffel Ahornsirup
- 1 Prise Pfeffer
- 1 Prise Salz
- 1 Kg Hokkaidokürbis

Zubereitung:

1. Schälen Sie den Kürbis und schneiden Sie das Fruchtfleisch in Scheiben.

2. Schälen Sie die Karotten und schneiden Sie sie in kleine Stücke. Mischen Sie beides miteinander.

3. Machen Sie aus dem Ahornsirup und dem Olivenöl ein Dressing. Würzen Sie dieses mit Salz und Pfeffer.

4. Gießen Sie das Dressing über das Gemüse und mischen Sie es erneut.

5. Dann in eine Auflaufform geben und für 30 Minuten bei 200 ° C backen.

Gefüllte gebackene Süßkartoffeln

Vorbereitungszeit:	Kochzeit/Herstellung:	Portionen:
10 Minuten	1 Stunde 30 Minuten	1

Zutaten:

- ½ Schalotte
- ½ rote Paprika
- 1 Esslöffel Kokosöl
- 50 g Ziegenfrischkäse
- 1 Prise Salz und Pfeffer
- 1 Süßkartoffel
- Paprikapulver, edelsüß
- ¼ Zucchini

Zubereitung:

1. Ein Backblech mit Backpapier auslegen. Waschen Sie die Süßkartoffel, halbieren Sie sie und legen Sie die auf das Backblech. Dann für 50 Minuten bei 180 ° C im Ofen backen. In der Zwischenzeit die Schalotte schälen und würfeln. Die Zucchini waschen und ebenfalls würfeln.

2. Die Paprikaschoten waschen, entkernen und in Würfel schneiden. Öl erhitzen Zucchini und ebenfalls würfeln. Paprikaschoten waschen, entkernen und in Würfel schneiden.

3. Öl in einer Pfanne erhitzen. Die Schalotte darin andünsten. Dann Zucchini und Paprika zugeben und anbraten. Das Gemüse mit Salz, Paprika und Pfeffer würzen. Die fertige Süßkartoffel abkühlen lassen und etwas aushöhlen. Die ausgehöhlte Süßkartoffel mit dem Gemüse und dem Frischkäse vermischen. Füllen Sie die Mischung in die Süßkartoffeln und servieren Sie die.

Gemüsenudeln mit grünem Pesto

Vorbereitungszeit: 10 Minuten | **Kochzeit/Herstellung:** 25 Minuten | **Portionen:** 2

Zutaten:

- 100 g Feldsalat
- 1 Prise Salz
- 3 Esslöffel Kürbiskerne
- 250 g Zucchini
- 100 g gehackte Basilikum
- 2 Esslöffel Olivenöl
- 250 g Möhren

Zubereitung:

1. Waschen Sie die Zucchini. Die Möhren schälen und mit den Zucchini in Spaghetti schneiden.
2. Bringen Sie das Wasser zum Kochen und kochen Sie die Gemüsespaghetti für 4 Minuten.
3. Waschen Sie den Feldsalat und schneiden Sie das in kleine Stücke. Dann die Kürbiskerne, das Olivenöl und das Basilikum dazugeben und pürieren.
4. Das fertige Pesto mit Salz abschmecken. Gießen Sie die Gemüsenudeln ab und servieren Sie sie.
5. Zum Schluss das Pesto darüber gießen und servieren.

Gebratene Knoblauch-Möhren

Vorbereitungszeit: 10 Minuten | **Kochzeit/Herstellung:** 35 Minuten | **Portionen:** 2

Zutaten:

- 1 Zwiebel
- ½ Bund gehackte Petersilie
- 1 Knoblauchzehe
- 250 g Möhren
- 2 Esslöffel Rapsöl
- 200 ml Wasser
- 1 Prise Salz

Zubereitung:

1. Zwiebel und Knoblauch schälen und hacken. Erhitzen Sie das Öl in einer Pfanne und dünsten Sie beides darin an.
2. Schälen Sie die Möhren, geben Sie sie in die Pfanne und braten Sie sie 3 Minuten an.
3. Dann mit dem Wasser ablöschen und die Möhren 15 Minuten köcheln lassen.
4. Zum Schluss die Möhren mit der Petersilie und etwas Salz würzen.

Grüne Rinderpfanne

Vorbereitungszeit: 10 Minuten | **Kochzeit/Herstellung:** 30 Minuten | **Portionen:** 3

Zutaten:

- 1,3 kg Hähnchenbrust
- 1 mittelgroße Zwiebel in Scheiben geschnitten
- 4 Knoblauchzehen, zerkleinert
- 1 Glas Salsa Verde
- 78 g Hühnerbrühe
- 65 g Tomatenmark
- 2 Esslöffel Olivenöl
- 1 Brokkoli
- 1 Ingwer
- 1 Kokosöl
- 1 Esslöffel Paprika
- 2 Teelöffel gemahlener Kreuzkümmel
- 2 Teelöffel gemahlener Koriander
- 2 Teelöffel Meersalz
- 2 TL schwarzer Pfeffer

Zubereitung:

1. Waschen Sie zunächst den Brokkoli und schneiden Sie ihn in Röschen.
2. Bringen Sie das Salzwasser zum Kochen und blanchieren Sie den Brokkoli darin 5 Minuten.
3. Dann den Brokkoli abtropfen lassen. Schneiden Sie das Rindfleisch in kleine Stücke. Ingwer, Knoblauch und Zwiebel schälen und würfeln. Das Kokosöl in einer Pfanne erhitzen.
4. Die Zwiebel, den Ingwer und die Zwiebel andünsten. Erhitzen Sie das Kokosöl in einer Pfanne.
5. Die Zwiebel, den Ingwer und den Knoblauch darin dünsten. Dann das Fleisch hinzufügen und von allen Seiten 4 Minuten anbraten.
6. Dann den Brokkoli zugeben und unter Rühren mitdünsten. Die grüne Rindfleischpfanne mit Kreuzkümmel, Salz und Pfeffer würzen.

Lauch-Lamm

Vorbereitungszeit: 10 Minuten | **Kochzeit/Herstellung:** 30 Minuten | **Portionen:** 2

Zutaten:

- 3 Esslöffel Kokosnussöl
- 1 Prise Salz und Pfeffer
- 2 Scheiben Lammkeule
- 250 ml Gemüsebrühe
- 2 Lauchstangen
- Etwas Zucker

Zubereitung:

1. Waschen Sie zunächst den Lauch und schneiden Sie ihn in Ringe
2. Erhitzen Sie das Kokosöl in einer Pfanne und braten Sie die Lammkeule auf beiden Seiten an. Anschließend mit Salz und Pfeffer würzen.
3. Dann das Fleisch aus der Pfanne nehmen. Dünsten Sie den Lauch im Bratfett an.
4. Nehmen Sie diesen aus der Pfanne und löschen Sie das Bratfett mit der Gemüsebrühe ab.
5. Die Sauce einkochen lassen und mit Zucker, Salz und Pfeffer abschmecken.
6. Servieren Sie das Fleisch mit dem Lauch und gießen Sie etwas Sauce darüber.

Kartoffelspalten mit würzigem Steak

Vorbereitungszeit: 10 Minuten
Kochzeit/Herstellung: 50 Minuten
Portionen: 2

Zutaten:

- 400 g Kartoffeln
- 1 Esslöffel Butter
- 1 Prise Salz und weißer Pfeffer
- 3 Esslöffel Kokosnussöl
- Getrockneter Rosmarin
- 2 Rinderfiletsteaks
- Getrocknete italienische Kräuter

Zubereitung:

1. Zunächst den Backofen auf 200 ° C vorheizen. Die Kartoffeln waschen und in Keile schneiden.

2. Mischen Sie 2 EL Kokosöl mit Salz und Pfeffer und den Gewürzen. Wenden Sie die Kartoffelspalten darin und verteilen Sie sie auf Backpapier.

3. Dann im Backofen 20 Minuten backen. Die Steaks trockentupfen und von beiden Seiten pfeffern. 1 Esslöffel Öl in einer Pfanne erhitzen und die Steaks darin von beiden Seiten 1 Minute braten.

4. Dann die Butter zugeben und die Steaks weitere 2 Minuten braten. Die Steaks in Alufolie wickeln und 2 Minuten ruhen lassen.

5. Dann erneut anbraten. Die Steaks mit den Kartoffeln anrichten und servieren.

Gebackene Lammkoteletts

Vorbereitungszeit: 10 Minuten
Kochzeit/Herstellung: 55 Minuten
Portionen: 4

Zutaten:

- 2 Knoblauchzehen
- 2 Esslöffel Kokosnussöl
- 200 g Mozzarella
- 1 Prise Salz und Pfeffer
- 1 Bund Petersilie
- 4 Lammkoteletts
- Etwas Öl
- 2 rote Paprikaschoten

Zubereitung:

1. Waschen und trocknen Sie die Lammkoteletts. Anschließend mit Salz und Pfeffer würzen. Heizen Sie den Backofen auf 250 ° C vor.

2. Erhitzen Sie das Öl in einer Pfanne und braten Sie das Fleisch von beiden Seiten 4 Minuten an. Dann das Fleisch aus der Pfanne nehmen.

3. Schälen Sie den Knoblauch und schneiden Sie ihn in Scheiben. Reiben Sie die Lammkoteletts damit ein und verteilen Sie den Knoblauch darauf. Waschen und hacken Sie die Petersilie.

4. Mozzarella würfeln und mit Salz und Pfeffer mischen. Die Paprikaschoten waschen, entkernen und vierteln. Diese in eine Auflaufform geben und das Lammfleisch darauf verteilen.

5. Den Mozzarella darüber geben und in der Auflaufform backen und das Lammfleisch darauf verteilen.

6. Den Mozzarella darüber gießen und im Ofen 5 Minuten backen.

Pikanter Nudelauflauf

Vorbereitungszeit: 10 Minuten
Kochzeit/Herstellung: 40 Minuten
Portionen: 2

Zutaten:

- 1 Zwiebel
- 100 ml Sahne
- 150 g Erbsen
- 125 g Mozzarella
- 1 Esslöffel Olivenöl
- 1 Petersilie
- 1 Schnittlauch
- 150 g Schupfnudeln
- 150 g Brokkoli
- 1 Prise Salz
- 150 g Möhren

Zubereitung:

1. Heizen Sie zunächst den Backofen auf 180 ° C Umluft vor. Waschen Sie den Brokkoli und schneiden Sie ihn in Röschen.
2. Die Möhren schälen und in Scheiben schneiden. Die Nudeln nach Anleitung kochen. Die Zwiebel schälen und würfeln. Das Olivenöl in einer Pfanne erhitzen.
3. Die Zwiebel darin andünsten. Schnittlauch und Petersilie waschen und hacken. Beides mit der Zwiebel, der Sahne und etwas Salz mischen.
4. Die Nudeln abgießen und mit dem Gemüse in eine Auflaufform geben. Dann die Sauce darüber verteilen.
5. Schneiden Sie den Mozzarella in Scheiben und verteilen Sie ihn über dem Auflauf. Backen Sie dies für 10-15 Minuten.

Histaminarmes Schnitzel

Vorbereitungszeit: 10 Minuten
Kochzeit/Herstellung: 25 Minuten
Portionen: 2

Zutaten:

- 50 g Binkelgrieß
- 1 Ei
- 50 g Dinkelmehl
- 1 Esslöffel Sahne
- 2 Esslöffel Butterschmalz
- 1 Prise Salz
- 2 Kalbsschnitzel

Zubereitung:

1. Die Schnitzel schlagen. Verrühren Sie das Ei mit dem Salz und der Sahne.
2. Mehl und Grieß in getrennte Gefäße geben. Wenden Sie die Schnitzel zuerst im Mehl, dann in der Eimischung und zuletzt im Grieß.
3. Das Butterschmalz in einer Pfanne erhitzen und die Schnitzel darin von beiden Seiten 3-4 Minuten braten.
4. Dann abtropfen lassen.

Gemüsepfannkuchen

Vorbereitungszeit: 10 Minuten
Kochzeit/Herstellung: 20 Minuten
Portionen: 2

Zutaten:

- 1 Möhre
- ½ Zucchini
- 1 rote Paprika
- 100 g Hüttenkäse

- 1 Prise Salz
- 4 Eier
- 1 Basilikum
- 50 ml Milch
- 100 g Hüttenkäse
- 50 g gekochter Schinken
- 2 Esslöffel Olivenöl

Zubereitung:

1. Paprikaschoten entkernen, waschen und in Würfel schneiden. Die Möhre schälen und in Würfel schneiden.

2. Waschen Sie die Zucchini, halbieren Sie sie und schneiden Sie sie in Scheiben. Den Schinken in Viertel schneiden.

3. 1 Esslöffel Öl in einer Pfanne erhitzen und das Gemüse darin anbraten. Die Eier mit der Milch, dem restlichen Öl und dem Hüttenkäse verrühren.

4. Die Eimischung mit Salz würzen und über das Gemüse gießen. Die Pfannkuchen bei geschlossenem Deckel 10-12 Minuten bei schwacher Hitze ziehen lassen.

5. Das Basilikum waschen und hacken. Den fertigen Pfannkuchen anrichten und mit dem Basilikum garnieren.

Hähnchen-Gemüse-Pfanne mit Reis

Vorbereitungszeit:	Kochzeit/Herstellung:	Portionen:
10 Minuten	25 Minuten	2

Zutaten:

- 2 Mohrrüben
- 1 Zucchini
- 50 ml Kokosnussmilch
- 2 Esslöffel Olivenöl
- 120 g Basmati-Reis
- 250 g Hähnchenbrustfilet
- 1 Prise Salz

Zubereitung:

1. Bringen Sie das Salzwasser zum Kochen und kochen Sie den Reis nach Anweisung. Waschen Sie die Zucchini und schneiden Sie sie in Scheiben. Die Mohrrüben schälen und in Scheiben schneiden.

2. Erhitzen Sie das Olivenöl in einer Pfanne und braten Sie das Gemüse darin an. Das Fleisch würfeln und mit dem Gemüse anbraten. Anschließend mit der Kokosmilch ablöschen und mit Salz würzen. Lassen Sie die Hähnchenbrust und das Gemüse 5-10 Minuten bei geschlossenem Deckel köcheln. Die Hähnchen-Gemüse-Pfanne mit dem Reis anrichten.

Paprika- und Süßkartoffelpfanne

Vorbereitungszeit:	Kochzeit/Herstellung:	Portionen:
10 Minuten	35 Minuten	3

Zutaten:

- 2 Knoblauchzehen
- 4 Frühlingszwiebeln
- 5 Zweige Petersilie
- 20 g Kräuter der Provence
- 4 Esslöffel Olivenöl
- 2 Paprikaschoten
- 3 Süßkartoffeln
- 1 Prise Salz und Pfeffer

Zubereitung:

1. Salzwasser zum Kochen bringen und die Süßkartoffeln darin 10 Minuten kochen. Dann abschrecken und schälen.

2. Dann die Süßkartoffeln in Würfel schneiden. Die Paprikaschoten entkernen, waschen und in Streifen schneiden. Den Lauch waschen und würfeln.

3. Den Knoblauch schälen und hacken. Die Petersilie waschen und hacken. Öl in einer Pfanne erhitzen und die Süßkartoffeln darin anbraten. Dann den Lauch und den Knoblauch dazugeben.

4. Zum Schluss die Kräuter, Salz und Pfeffer.

Hüttenkäse-Gnocchi

Vorbereitungszeit:	Kochzeit/Herstellung:	Portionen:
10 Minuten	30 Minuten	2

Zutaten:

- 250 g Quark (20% Fett)
- ½ Teelöffel Salz
- 2 Eier
- 30 g Johannisbrotkernmehl
- 5 Esslöffel Kokosnussmehl

Zubereitung:

1. Die Eier mit dem Salz und dem Quark verrühren. Dann das Johannisbrotkernmehl und zuletzt das Kokosmehl unterrühren.
2. Formen Sie aus der Masse einen Teig und lassen Sie ihn 15 Minuten ruhen.
3. Formen Sie den Teig zu Rollen und schneiden Sie diese in Stücke.
4. Drücken Sie die Teigstücke mit einer Gabel ein.
5. Bringen Sie das Salzwasser zum Kochen und kochen Sie die Gnocchi darin 4-5 Minuten lang.

Nudeln mit gebratenem Gemüse

Vorbereitungszeit:	Kochzeit/Herstellung:	Portionen:
10 Minuten	25 Minuten	2

Zutaten:

- 150 g Champignons
- 150 g Feta
- 1 Esslöffel Frischkäse
- 1 Zwiebel
- 1 Paprika
- 1 Zucchini
- 1 Teelöffel Rapsöl
- 2 Zweige Rosmarin
- 1 Prise Salz und Pfeffer
- Etwas Öl
- 220 g Spirelli aus Vollkorn

Zubereitung:

1. Das Salzwasser zum Kochen bringen und die Nudeln darin nach Anleitung kochen.
2. Die Paprika entkernen, waschen und in Streifen schneiden. Die Champignons putzen und würfeln.
3. Die Zucchini schälen und in kleine Stücke schneiden.
4. Den Rosmarin waschen und hacken. Die Zwiebel schälen und würfeln. Das Öl in einer Pfanne erhitzen und die Paprika und Zucchini darin andünsten.
5. Dann die Champignons dazugeben. Zum Schluss 75 g Feta, Frischkäse, Salz, Pfeffer und die Kräuter unterheben.
6. Braten Sie das Gemüse an.
7. Die Nudeln anrichten, das Gemüse darüber geben und mit dem restlichen Feta garnieren.

Grüne Gnocchi

Vorbereitungszeit:	Kochzeit/Herstellung:	Portionen:
10 Minuten	35 Minuten	2

Zutaten:

- 2 Eier
- 1 Prise Salz und Pfeffer
- 450 g Mangold
- 250 g Vollkorn-Dinkel-Brot
- 10 g Salbei
- 30 g Butterkäse

Zubereitung:

1. Zerbröseln Sie das Vollkorn-Dinkel-Brot. Waschen und blanchieren Sie den Mangold, wenn nötig.

2. Tauen Sie den tiefgefrorenen Mangold auf. Dann den Mangold in kleine Stücke schneiden und mit dem Ei, Vollkornbrotbröseln sowie Salz und Pfeffer vermengen.

3. Den Teig zu Gnocchi formen. Salzwasser zum Kochen bringen und die Gnocchi darin 4-5 Minuten kochen.

4. In der Zeit den Salbei waschen und hacken. Die Butter in einer Pfanne schmelzen und den Salbei darin anbraten. Dann die Gnocchi dazugeben und ebenfalls anbraten.

5. Die grünen Gnocchi anrichten und mit dem Butterkäse garnieren.

Nudeln mit Pilzpfanne

Vorbereitungszeit:	Kochzeit/Herstellung:	Portionen:
10 Minuten	25 Minuten	2

Zutaten:

- 75 g saure Sahne
- 1 Zwiebel
- 25 g Pinienkerne
- 200 g Pfifferlinge
- 1 Esslöffel Sonnenblumenöl
- 100 g Steinpilze
- 200 g Bandnudeln
- 1 Prise Salz und Pfeffer

Zubereitung:

1. Die Pilze waschen. Salzwasser zum Kochen bringen und die Bandnudeln darin nach Anweisung kochen.

2. Die Zwiebel schälen und würfeln. Erhitzen Sie das Öl in einer Pfanne und braten Sie die Zwiebel darin an. Dann die Champignons zugeben und 5 Minuten dünsten.

3. Dann die saure Sahne einrühren und die Pilze mit Salz und Pfeffer würzen. Rösten Sie die Pinienkerne in einer separaten Pfanne ohne Öl.

4. Die Nudeln anrichten und die Pilze darüber geben. Mit den Pinienkernen garnieren.

Buchstaben Bolognese

Vorbereitungszeit:	Kochzeit/Herstellung:	Portionen:
10 Minuten	40 Minuten	2

Zutaten:

- 3 Esslöffel Bajvar
- 1 Zwiebel
- 200 g Rinderhackfleisch
- 3 Stängel Petersilie
- 120 g Dinkelspaghetti
- 2 Mohrrüben
- 1 Paprikapulver, edelsüß
- 3 Paprikaschoten
- 1 Prise Salz und Pfeffer
- 1 Knoblauchzehe
- Etwas Öl
- 1 Teelöffel Gemüsebrühe

Zubereitung:

1. Bringen Sie das Salzwasser zum Kochen und kochen Sie die Spaghetti nach Anleitung.
2. Schälen Sie den Knoblauch und schneiden Sie ihn in Scheiben. Die Paprikaschoten entkernen, waschen und in Streifen schneiden. 50 ml Wasser erhitzen und die Gemüsebrühe dazugeben.
3. Die Petersilie waschen und hacken. Möhren und Zwiebeln schälen und würfeln. Das Öl in einem Topf erhitzen und die Zwiebeln darin andünsten.
4. Dann den Knoblauch, die Möhren und die Paprika zugeben und 5 Minuten anbraten. Dann das Rinderhackfleisch zugeben und weitere 2 Minuten anbraten. Anschließend mit der Gemüsebrühe ablöschen.
5. Die Nudeln anrichten und mit der Bolognese servieren. Streuen Sie die Petersilie über die Bolognese.

Spaghetti mit Basilikum-Mozzarella-Pesto

Vorbereitungszeit:	Kochzeit/Herstellung:	Portionen:
10 Minuten	**25 Minuten**	**2**

Zutaten:

- 15 g Pinienkerne
- 70 ml Olivenöl
- 1 Prise Salz und Pfeffer
- ½ Mozzarella
- 1 Bund Basilikum
- 125 g Dinkelspaghetti

Zubereitung:

1. Waschen und hacken Sie das Basilikum. Bringen Sie das Salzwasser zum Kochen und kochen Sie die Spaghetti darin nach Anleitung.
2. Dann die Spaghetti abgießen. Pürieren Sie die Pinienkerne mit dem Basilikum und dem Mozzarella und würzen Sie das Pesto mit Salz und Pfeffer.
3. Servieren Sie die Dinkelspaghetti und geben Sie das Pesto darüber.

Spaghetti mit Zucchini-Bolognese

Vorbereitungszeit:	Kochzeit/Herstellung:	Portionen:
10 Minuten	**35 Minuten**	**2**

Zutaten:

- 300 g Rinderhackfleisch
- 1 rote Zwiebel
- 200 g Zuchini
- 1 Prise Salz und Pfeffer
- Etwas Olivenöl
- 300 g buchstabierte Spaghetti

Zubereitung:

1. Schälen Sie die Zucchini und schneiden Sie sie in kleine Stücke. Bringen Sie das Salzwasser zum Kochen und kochen Sie die Dinkelspaghetti nach Anleitung.
2. Dann die Spaghetti abgießen und mit etwas Olivenöl und etwas Salz vermischen. Die Zwiebel schälen und würfeln. Öl in einer Pfanne erhitzen.
3. Die Zwiebel darin andünsten. Dann das Rinderhackfleisch zugeben und mitbraten. Dann mit Salz und Pfeffer würzen und die Zucchini dazugeben.
4. Beides weitere 5-10 Minuten braten und nochmals mit Salz und Pfeffer würzen.
5. Die Nudeln anrichten und die Zucchini-Bolognese darüber verteilen.

Nudeln mit Orangenpesto

Vorbereitungszeit: 10 Minuten | **Kochzeit/Herstellung:** 30 Minuten | **Portionen:** 2

Zutaten:

- 45 g Topinambur
- 85 g roter Pfeffer
- 5 g Ingwer
- 1 Paprika
- ½ Teelöffel Kurkuma
- 60 g Hokkaido-Kürbis
- 120 g saure Sahne
- 100 g Pastinaken
- 4 Stängel Liebstöckel
- Etwas Leinsamenöl
- 1 Prise Salz und Pfeffer
- 160g Dinkelspelznudeln

Zubereitung:

1. Schälen Sie den Topinambur und den Ingwer. Schneiden Sie beides in kleine Stücke.

2. Die Paprika entkernen, waschen und in Streifen schneiden. Den Liebstöckel waschen und hacken. Den Kürbis entkernen und das Fruchtfleisch würfeln.

3. Pastinaken schälen und würfeln. Das Gemüse in einem Topf andünsten.

4. Salzwasser erhitzen und die Nudeln darin nach Anweisung kochen. Ingwer, Gemüse und saure Sahne mit Salz und Pfeffer pürieren.

5. Dann das Leinöl zugeben und nochmals pürieren. Die fertigen Nudeln anrichten und das Orangenpesto darauf verteilen.

Lachs mit Waldbeeren

Vorbereitungszeit: 10 Minuten | **Kochzeit/Herstellung:** 20 Minuten | **Portionen:** 2

Zutaten:

- 1 Esslöffel Kokosnussöl
- 4 Stängel Rosmarin
- 1 Prise Salz und Pfeffer
- 1 Knoblauchzehe
- 100 g gefrorene Waldbeeren
- 1 Zitrone
- 2 Teelöffel Honig
- 400 g Wildlachsfilets
- 4 Esslöffel Balsamico-Essig

Zubereitung:

1. Die Zitrone waschen und auspressen. Den Rosmarin waschen und hacken.

2. Schälen und hacken Sie den Knoblauch. Mit Rosmarin, Zitronensaft, Salz und Pfeffer mischen.

3. Waschen und trocknen Sie den Lachs. Dann den

4. Lachs mit der Zitronen-Knoblauch-Mischung einreiben.

5. Erhitzen Sie das Kokosöl in einer Pfanne und braten Sie den Fisch auf beiden Seiten. Die Waldbeeren pürieren und mit Honig und Essig vermischen.

6. Erhitzen Sie eine separate Pfanne und lassen Sie die Beeren darin einkochen.

7. Den Lachs anrichten und mit der Waldbeerensauce servieren.

Rosmain-Kabeljau

Vorbereitungszeit:	Kochzeit/Herstellung:	Portionen:
10 Minuten	45 Minuten	2

Zutaten:

- 2 Esslöffel Ghee
- 1 Zitrone
- 2 Stängel Rosmarin
- 1 Prise Salz
- 400 g Kabeljau

Zubereitung:

1. Waschen und hacken Sie den Rosmarin. Die Zitrone auspressen. Heizen Sie den Backofen auf 180 ° C vor.

2. Waschen und trocknen Sie den Fisch. Das Ghee in einer Pfanne erhitzen und den Fisch von beiden Seiten anbraten.

3. Ein Backblech einfetten und den Fisch darauf ausbreiten. Beträufeln Sie ihn mit etwas Zitronensaft und legen Sie die Zitrone auf den Fisch.

4. Geben Sie das Salz, den Rosmarin und das Bratfett über den Fisch.

5. Zum Schluss den Fisch für 15 Minuten backen.

Hähnchenbrust mit Paprikapesto

Vorbereitungszeit:	Kochzeit/Herstellung:	Portionen:
10 Minuten	30 Minuten	2

Zutaten:

- 1-2 Stängel Rosmarin
- 1 Zwiebel
- 1 Safran
- 1 Prise Salz und Pfeffer
- 1 Gemüsebrühe
- 2 Paprika
- 1 Teelöffel Margarine
- 250 g Hähnchenbrust
- 1 Sonnenblumenöl

Zubereitung:

1. Erhitzen Sie 150 ml Wasser und bereiten Sie die Gemüsebrühe vor.

2. Die Paprikaschoten entkernen, waschen und in Streifen schneiden. Die Zwiebel schälen und würfeln. Das Öl in einer Pfanne erhitzen und die Zwiebel darin andünsten.

3. Dann die Paprikastreifen zugeben und anbraten. Dann mit 50 ml der Gemüsebrühe ablöschen. Dann das Gemüse pürieren und mit Safran, Salz und Pfeffer würzen. Das Pesto untermischen.

4. In einer separaten Pfanne Öl erhitzen und das Hähnchenfleisch von beiden Seiten anbraten. Den Rosmarin zum Fleisch geben.

5. Anschließend mit der restlichen Gemüsebrühe ablöschen. Die Hähnchenbrust mit dem Pfefferpesto servieren.

Gemüsepfanne mit Hähnchen

Vorbereitungszeit:	Kochzeit/Herstellung:	Portionen:
10 Minuten	25 Minuten	2

Zutaten:

- 2 Esslöffel Öl
- 300 g Brokkoli
- 4 Knoblauchzehen
- 3 Stängel Rosmarin
- 2 Paprikaschoten
- 1 Prise Paprikapulver
- 350 g Hähnchenbrust
- 1 Prise Salz und Pfeffer

Zubereitung:

1. Waschen Sie den Rosmarin. Schälen Sie den Knoblauch und schneiden Sie ihn in kleine Stücke.
2. Den Brokkoli waschen und in Röschen schneiden. Die Paprika entkernen, waschen und in Streifen schneiden. Das Hähnchen waschen und trocknen.

3. Erhitzen Sie das Öl in einer Pfanne und braten Sie das Hähnchen 5 Minuten an. Dann den Rosmarin und den Knoblauch zugeben. Die Hähnchenbrust mit Salz und Pfeffer würzen.

4. Nehmen Sie das Hähnchen aus der Pfanne und geben Sie das Gemüse dazu. Braten Sie dieses 5 Minuten lang unter Wenden.

5. Dann das Hähnchen wieder in die Pfanne geben und erneut erhitzen.

6. Zum Schluss das Gemüse mit dem Hähnchen anrichten.

Putenröllchen mit Basilikumfüllung

Vorbereitungszeit:	Kochzeit/Herstellung:	Portionen:
10 Minuten	30 Minuten	2

Zutaten:

- 25 g Frischkäse
- 1 Prise Gemüsebrühe
- 1 Strauß Basilikum
- 1 Esslöffel Olivenöl
- 60 g geschnittener Schinken
- 1 Esslöfel Pinienkerne
- 400 g Putenbrust
- 1 Prise Salz und Pfeffer

Zubereitung:

1. Waschen und hacken Sie das Basilikum. Hacken Sie auch die Pinienkerne. Mischen Sie beides mit dem Frischkäse und dem Öl.

2. Waschen und trocknen Sie die Putenbrust. Dann auf beiden Seiten mit Salz bestreuen. Dann das Putenfleisch mit dem Schinken belegen.

3. Dann die Basilikum-Frischkäse-Mischung darüber verteilen. Rollen Sie das Putenfleisch auf und fixieren Sie es mit einem Bindfaden.

4. 100 ml Wasser aufkochen und die Gemüsebrühe dazugeben. Erhitzen Sie das Öl in einer Pfanne und braten Sie die Rouladen von beiden Seiten an.

5. Dann mit der Gemüsebrühe ablöschen und ein paar Minuten köcheln lassen.

Lammfilet mit gebratenem Gemüse und Kartoffeln

Vorbereitungszeit:	Kochzeit/Herstellung:	Portionen:
10 Minuten	25 Minuten	2

Zutaten:

- 3 mittelgroße rote Paprikaschoten
- 180 g Quinoa, gewaschen
- 1 Esslöffel Butter
- 1 Esslöffel Olivenöl
- 1 mittelgroße Zwiebel
- 1 Kartoffeln
- 1 Zucchini
- 2 Knoblauchzehen, gehackt
- Ca. 40 g Allzweckmehl
- 960 ml Gemüsebrühe
- Ca. 460 g schwere Schlagsahne (mit hohem Fettgehalt)
- 2 Packungen (280 g) gefrorener Mais, aufgetaut
- 1 Dose (425 g) Pintobohnen, abgetropft
- 2 Esslöffel gehackte frische Petersilie
- 1/2 Teelöffel gehackter frischer Thymian
- 1-1 / 2 Teelöffel Salz und 1/2 Teelöffel Pfeffer

Zubereitung:

1. Zunächst die Kartoffeln schälen und in Würfel schneiden. Bringen Sie das Salzwasser zum Kochen und kochen Sie die Kartoffeln darin bissfest.

2. Dann abgießen. Schälen Sie die Zucchini und schneiden Sie das in kleine Stücke. Die Paprikaschoten entkernen, waschen und in Würfel schneiden. Die Petersilie waschen und hacken.

3. Die Zwiebeln schälen und würfeln. Das Öl in einer Pfanne erhitzen und die Zwiebeln darin andünsten. Zucchini und Paprika zugeben und anbraten.

4. Anschließend mit Salz würzen. In einer separaten Pfanne Öl erhitzen und das Lammfilet darin anbraten. Dann mit Salz und Pfeffer würzen. Das Lammfleisch im Ofen warm halten.

5. Etwas Öl in die gleiche Pfanne geben und die Kartoffeln dazugeben. Dann den Rosmarin und etwas Salz darüber streuen. Braten Sie die Kartoffeln gut an und servieren Sie das mit dem Gemüse und dem Lammfleisch.

Asiatisches Rindfleisch

Vorbereitungszeit:	Kochzeit/Herstellung:	Portionen:
10 Minuten	35 Minuten	2

Zutaten:

- 1 Teelöffel Ingwer
- ½ Chilischote
- 4 Esslöffel Sesamöl
- 3 Knoblauchzehen
- 1 grüne Zwiebel
- 700 g Brokkoli
- 3 Esslöffel Sesam
- 1 Prise Salz und Pfeffer
- 500 g Rindfleisch
- 2 Esslöffel Kokosnussöl

Zubereitung:

1. Waschen und trocknen Sie zunächst das Rindfleisch. Schälen Sie den Knoblauch und schneiden Sie ihn in kleine Stücke.

2. Schälen Sie den Ingwer und reiben Sie ihn. Waschen Sie die Chilischote und schneiden Sie die in Ringe. Waschen Sie die Brokkoli und schneiden Sie das in Röschen.

3. Salzwasser zum Kochen bringen und den Brokkoli darin 5 Minuten kochen. Dann den Brokkoli abgießen. Die Zwiebel schälen und würfeln. Das Öl in einer Pfanne erhitzen und den Knoblauch, die Zwiebel und die Chilischote anbraten.

4. Das Rindfleisch zugeben und von beiden Seiten 4 Minuten anbraten. Dann das Sesamöl und den Brokkoli zugeben und mit Salz und Pfeffer und dem Ingwer würzen.

5. Lassen Sie das Rindfleisch 4 Minuten köcheln. Zum Servieren die Sesamsamen darüber streuen.

Knabbereien

Vorbereitungszeit:	Kochzeit/Herstellung:	Portionen:
10 Minuten	20 Minuten	1

Zutaten:

- 25 g Popcornmais
- 20 g Butter
- 20 g brauner Zucker
- 1 Teelöffel Zuckerrübensirup
- 1 Süßes Popcorn

Zubereitung:

1. Erhitzen Sie den Zuckerrübensirup mit dem Zucker und der Butter unter ständigem Rühren.

2. In einem separaten Topf die Maiskörner bei geschlossenem Deckel bei mittlerer Hitze poppen. Reduzieren Sie dann die Temperatur.

3. Die Sauce über das Popcorn gießen und umrühren.

4. Verteilen Sie das süße Popcorn auf einem Backblech und lassen Sie es abkühlen.

Zucchini-Baguette

Vorbereitungszeit:	Kochzeit/Herstellung:	Portionen:
10 Minuten	55 Minuten	3

Zutaten:

- ½ Zucchini
- 1 Knoblauchzehe
- 1 Petersilie
- 1 Basilikum
- 1 Kräuter
- ¼ Apfel
- 1 Teelöffel Salz
- 1 Frühlingszwiebel
- 3 Scheiben Baguette

Zubereitung:

1. Wasser in einem Topf erhitzen und die Zucchini darin blanchieren. Dann hobeln und legen die in ein Geschirrtuch.
2. Dann mit Salz bestreuen und 5 Minuten ziehen lassen. Den Apfel schälen und raspeln. Die Frühlingszwiebel schälen und würfeln.
3. Die Frühlingszwiebel schälen und würfeln. Basilikum und Petersilie waschen und hacken. Zucchini-Hobel in das Geschirrtuch einwickeln und die Flüssigkeit auspressen.
4. Mischen Sie die Masse mit dem Apfel, der Frühlingszwiebel und den Kräutern. Erhitzen Sie eine Pfanne und rösten Sie die Baguettescheiben von beiden Seiten an.
5. Schälen und halbieren Sie den Knoblauch. Reiben Sie die Baguettescheiben mit dem Knoblauch ein und verteilen Sie die Zucchini- und Apfelmischung darauf.

Karotten-Muffins

Vorbereitungszeit:	Kochzeit/Herstellung:	Portionen:
10 Minuten	45 Minuten	12

Zutaten:

- 2 Pk. Weinstein-Backpulver
- 3 Eier
- 300 g Dinkelmehl
- 1 Prise Salz
- 10 ml Kokosnussöl
- 30 g Butter
- 1 Teelöffel getrockneter Kümmel
- 4 Mohrrüben
- 150 ml Milch (1,5% Fett)

Zubereitung:

1. Zunächst den Backofen auf 180 ° C vorheizen. Die Karotten schälen und eine Karotte raspeln.
2. Schmelzen Sie die Butter in einer Pfanne und braten Sie die geraspelten Möhren darin 5 Minuten.
3. Lassen Sie die Raspeln abkühlen. Schneiden Sie die restlichen Möhren in Scheiben. Das Wasser zum Kochen bringen und die Möhrenscheiben 10 Minuten kochen.
4. Dann abtropfen lassen. Das Backpulver mit dem Mehl und etwas Salz vermischen. Die Eier mit der Milch, dem Kümmel und dem Öl verquirlen. Die Karottenscheiben unter die Eimasse heben.
5. Die restlichen Zutaten zugeben und erneut verrühren. Den fertigen Teig in Muffinförmchen verteilen und 25 Minuten backen.

Karotten-Quark

Vorbereitungszeit:	Kochzeit/Herstellung:	Portionen:
10 Minuten	20 Minuten	2

Zutaten:

- ¼ Möhre
- 1 Teelöffel Leinsamen
- 1 Esslöffel Leinöl
- ¼ Salatgurke
- 250 g Magerquark
- 1 Prise Salz und weißer Pfeffer2
- 1 Esslöffel Kürbiskerne

Zubereitung:

1. Schälen Sie zunächst die Gurke und die Karotte.
2. Schneiden Sie beides in Würfel und mischen Sie es mit dem Quark und den restlichen Zutaten.

Mais-Waffeln

Vorbereitungszeit:	Kochzeit/Herstellung:	Portionen:
10 Minuten	35 Minuten	2

Zutaten:

- 1 Prise Salz
- 250 g Maismehl
- 3 Esslöffel Maisstärke
- 300 ml kohlensäurehaltiges Mineralwasser
- 1 Esslöffel Rapsöl

Zubereitung:

1. Die Maisstärke mit dem Mehl und dem Salz vermischen. Öl und Wasser portionsweise unterrühren und einen Teig herstellen.
2. Ein Waffeleisen erhitzen und den Teig portionsweise ausbacken.

Süßkartoffel-Snack

Vorbereitungszeit:	Kochzeit/Herstellung:	Portionen:
10 Minuten	50 Minuten	2

Zutaten:

- 1 Prise Salz
- 2 Süßkartoffeln
- 2 Esslöffel Olivenöl

Zubereitung:

1. Schälen Sie die Süßkartoffeln und schneiden Sie die in Stifte.
2. Mischen Sie das Olivenöl mit dem Salz und den Süßkartoffeln.
3. Legen Sie die Mischung auf Backpapier aus und backen Sie sie bei 230 ° C für 15-20 Minuten.

Pastinaken-Chips

Vorbereitungszeit:	Kochzeit/Herstellung:	Portionen:
10 Minuten	45 Minuten	2

Zutaten:

- 2 Esslöffel Kokosöl
- 4 Pastinaken
- 1 Prise Salz und weißer Pfeffer

Zubereitung:

1. Zunächst den Backofen auf 200 ° C vorheizen. Die Pastinaken schälen und in Streifen schneiden.

2. Erhitzen Sie das Öl in einer Pfanne und braten Sie die Pastinaken darin an.

3. Anschließend mit Salz und Pfeffer würzen. Verteilen Sie die Pastinaken auf einem Backblech und backen Sie sie unter Wenden für 20 Minuten.

Gemüse-Kartoffelpfannkuchen

Vorbereitungszeit:	Kochzeit/Herstellung:	Portionen:
10 Minuten	45 Minuten	2

Zutaten:

- 50 g junger Gouda
- 50 g Dinkelmehl
- 1 Esslöffel Frischkäse
- 1 Ei
- 100 g Kartoffeln
- 1 Prise Salz
- 100 g Zucchini
- 2 Esslöffel Olivenöl

Zubereitung:

1. Zunächst die Kartoffeln schälen und reiben. Reiben Sie die Zucchini ebenfalls.

2. Beides trocken tupfen. Den Gouda reiben und mit Frischkäse, Ei und Mehl verrühren.

3. Fügen Sie die geriebenen Kartoffeln und Zucchini hinzu. Die Masse mit Salz würzen und durchkneten.

4. Das Öl in einer Pfanne erhitzen. Die Kartoffel-Zucchini-Masse zu Talern formen.

5. Diese portionsweise 4-5 Minuten auf beiden Seiten backen. Dann wieder abtropfen lassen und servieren.

Gemüsesnacks

Vorbereitungszeit:	Kochzeit/Herstellung:	Portionen:
10 Minuten	1 Stunde 15 Minuten	2

Zutaten:

- 1 Paprika
- 2 Möhren
- 5 Kartoffeln
- 1 Löffel Rapsöl
- 150 g Feta
- 1 Teelöffel Kräuter
- 1 Zucchini

Zubereitung:

1. Die Möhren schälen und in Würfel schneiden. Die Zucchini waschen und ebenfalls würfeln.

2. Die Paprikaschoten entkernen, waschen und würfeln. Die Kartoffeln schälen und in Scheiben schneiden. Das Gemüse mischen und das Rapsöl und die Kräuter unterrühren.

3. Verteilen Sie das Gemüse auf einem mit Backpapier ausgelegten Backblech und backen Sie es 30 Minuten lang.

4. Dann den Feta darüber streuen und weitere 10 Minuten backen.

Einfache Zucchini-Chips

Vorbereitungszeit:	Kochzeit/Herstellung:	Portionen:
10 Minuten	1 Stunde 45 Minuten	2

Zutaten:

- 3 Esslöffel Rapsöl
- 1 Zucchini
- 1 Prise Salz und Pfeffer

Zubereitung:

1. Schälen, entkernen und schneiden Sie die Zucchini in Scheiben.
2. Heizen Sie den Backofen auf 120 ° C vor. Legen Sie ein Backblech mit Backpapier aus und verteilen Sie die Zucchinischeiben darauf.
3. Pinseln Sie die Scheiben mit Öl ein und bestreuen Sie sie mit Salz und Pfeffer.
4. Backen Sie die Zucchinischeiben für 120 Minuten.

Buntes Risotto

Vorbereitungszeit:	Kochzeit/Herstellung:	Portionen:
10 Minuten	15 Minuten	2

Zutaten:

- 2 Esslöffel Olivenöl
- 150 g Vollkornreis
- 350 ml Gemüsebrühe (siehe Grundrezept „Gemüsebrühe" unter Mittagsgerichte)
- 200 g Rote Beete
- 2 Esslöffel geriebener Mozzarella
- 150 g Vollkornreis
- 1 Zwiebel
- 1 Zweig Rosmarin

Zubereitung:

1. Zuerst schälen Sie die Rote Bete und schneiden sie in kleine Stücke. Tragen Sie dazu Einweghandschuhe, da die Rote Bete abfärbt.
2. Schälen Sie die Zwiebel und schneiden Sie sie in kleine Stücke.
3. Erhitzen Sie das Olivenöl in einem Topf und dünsten Sie die Rote Bete und die Zwiebel darin an. Geben Sie den Reis dazu und dünsten Sie ihn ebenfalls an.
4. Löschen Sie nun alles mit der Gemüsebrühe ab. Geben Sie dazu nach und nach die Flüssigkeit hinzu und warten Sie, bis der Reis sie aufgesogen hat. Lassen Sie alles 30 Minuten köcheln.
5. Waschen und hacken Sie den Rosmarin.
6. Mischen Sie den Mozzarella unter das Risotto und würzen Sie alles mit Salz und Pfeffer. Den Rosmarin darüber gießen, alles auf Tellern anrichten und servieren.

Vitamin-Boost-Getränk

Vorbereitungszeit:	Kochzeit/Herstellung:	Portionen:
5 Minuten	10 Minuten	2

Zutaten:

- 8 Eiswürfel
- 50 g Kirschen
- 150 g Heidelbeeren
- 5 Esslöffel Wasser
- 100 ml Buttermilch
- 2 Stangen Minze
- 50 g schwarze Johannisbeeren

Zubereitung:

1. Waschen Sie im ersten Schritt die Heidelbeeren und Johannisbeeren. Johannisbeeren vom Strunk befreien und zusammen mit den Heidelbeeren in einen Mixer geben.
2. Waschen und entsteinen Sie die Kirschen. Ebenfalls zu den Blaubeeren geben. Waschen Sie die Pfefferminze, schütteln Sie die trocken und zupfen Sie die Blätter ab.
3. Legen Sie einige Blätter für die spätere Dekoration beiseite und geben Sie die übrigen Minzblätter zusammen mit den Früchten in den Mixer.
4. Geben Sie nun das Wasser und die Buttermilch hinzu und pürieren Sie alles kräftig.
5. Geben Sie die Eiswürfel in die Gläser, gießen Sie den Smoothie darüber und garnieren Sie ihn mit den beiseite gelegten Pfefferminzblättern.

VEGETARISCH & VEGAN

Pesto Spaghetti

Vorbereitungszeit:	Kochzeit/Herstellung:	Portionen:
10 Minuten	20 Minuten	4

Zutaten:

- 140 ml Olivenöl (gute Qualität)
- 250 g Dinkelspaghetti
- 1 Prise Pfeffer aus der Mühle
- 30 g Pinienkerne
- 45 g Basilikum (frisch)
- 1 Teelöffel Salz (grob)
- 1 Messlöffel Mozzarella (gerieben)

Zubereitung:

1. Geben Sie alle Zutaten für das Pesto in einen Mixer und pürieren Sie mit dem Mixer, bis Sie eine pestoähnliche Masse haben.

2. Füllen Sie diese dann in ein Glas und bewahren Sie das bis zur Verwendung im Kühlschrank auf. Kochen Sie die 250 g Dinkelspaghetti in Salzwasser al dente. Die Spaghetti abgießen, aber nicht abtropfen lassen. Mischen Sie dann das Pesto mit den Nudeln.

3. Mit geriebenem Mozzarella garnieren und sofort servieren.

Gebratenes Wintergemüse

Vorbereitungszeit:	Kochzeit/Herstellung:	Portionen:
5 Minuten	20 Minuten	2

Zutaten:

- 2 Zwiebeln (rot, mittelgroß)
- 3 Möhren
- 2 Pastinaken
- 1-2 Esslöffel Öl
- 1 Prise Salz
- 1 Rosmarin
- 1 Prise Thymian (frisch)

Zubereitung:

1. Für das gebratene Wintergemüse putzen Sie zunächst die Möhren und Pastinaken, schälen die Haut ab und schneiden das Gemüse in lange Streifen, ähnlich wie Pommes frites.

2. Die rote Zwiebel schälen und in vier Teile schneiden. Die Pommes frites waschen und fein würfeln.

3. Die rote Zwiebel schälen und in vier Teile schneiden. Thymian und Rosmarin waschen und fein hacken.

4. Lassen Sie das Öl in einer Pfanne heiß werden und schwitzen Sie das Gemüse darin bissfest an. Mit den Kräutern und Salz abschmecken und sofort servieren.

Kartoffel-Kürbis-Pastetchen mit frischem Apfelmus

Vorbereitungszeit:	Kochzeit/Herstellung:	Portionen:
10 Minuten	45 Minuten	4

Zutaten:

- 6 Esslöffel Öl
- 1 Prise Muskatnuss
- 1 Ei
- 1 Prise Salz
- 1 Prise Pfeffer
- 1 kg Äpfel
- Etwas Zimt
- 6 große Kartoffeln
- 300 g Hokkaido-Kürbis
- 2 Zwiebeln

Zubereitung:

1. Schälen Sie die Schale der Äpfel, schneiden Sie das Kerngehäuse heraus und schneiden Sie die Äpfel in Würfel.

2. Geben Sie die Äpfel mit 50 ml Wasser und etwas Zimt in einen Topf und bringen Sie das zum Kochen. Lassen Sie das Ganze etwa 20 Minuten köcheln. Schneller geht es mit einem Schnellkochtopf.

3. Schälen Sie die Schale der Kartoffeln und reiben Sie das anschließend. Den Kürbis schälen, die Kerne entfernen und mit dem Küchenhobel grob raspeln.

4. Die Zwiebeln schälen und reiben. Kartoffeln, Kürbis und Zwiebeln in einer Schüssel mischen, ein Ei hinzufügen und mit Pfeffer, Salz und Muskatnuss würzen.

5. Öl in einer Pfanne heiß werden lassen, je 2 Esslöffel der Kartoffelmasse zu einem flachen Patty formen und in der Pfanne von beiden Seiten goldbraun braten.

6. Die gekochten Äpfel zu einer Sauce pürieren oder mit einer Gabel zerdrücken und zu den Patties servieren.

Gemüsereis mit feinen Kräutern

Vorbereitungszeit:	Kochzeit/Herstellung:	Portionen:
10 Minuten	20 Minuten	3

Zutaten:

- 80 g Butter
- 200 ml Milch
- 1 Plättchen Lakritz
- 100 g Mehl
- 1 Karotte
- 1 Kräuter
- 1 Frühlingszwiebel
- 60 g Streuzucker + 1 Esslöffel
- 1 Päckchen Vanillezucker
- 300 g Reis
- 4 Eier
- 1 Paprika
- 1 Packung Bohnen nach wahl
- 700 g Heidelbeeren (frisch oder tiefgefroren)

Zubereitung:

1. Waschen Sie die Bohnen, geben Sie die in einen Topf und übergießen Sie das sofort mit heißem Wasser.

2. Schneiden Sie nun die Bohnen in mundgerechte Stücke und stellen Sie das beiseite. Waschen Sie die Paprikaschoten und die Frühlingszwiebeln, entfernen Sie die Trennwände und Kerne aus den Paprikaschoten und schneiden Sie das in kleine Stücke.

3. Schälen Sie die Haut der Karotte und schneiden Sie das in Scheiben.

4. Lassen Sie das Öl in einem Topf heiß werden und braten Sie die Paprika, Frühlingszwiebeln und Möhren darin an. Geben Sie dann den Reis, das Kräutersalz und das Wasser in den Topf und kochen Sie den Reis mit dem Gemüse auf kleiner Flamme ca. 10 Minuten, bis der Reis durchgegart ist.

5. Zum Schluss die Kräuter und Bohnen einarbeiten und alles sofort heiß servieren.

Gebackene Kartoffeln mit Radieschen und Kräuterquark

Vorbereitungszeit:	Kochzeit/Herstellung:	Portionen:
10 Minuten	45 Minuten	4

Zutaten:

- 200 g Radieschen
- Petersilie zum Garnieren
- 1 Prise Pfeffer
- 1 Becher saure Sahne
- 500 g Quark
- 8 Ofenkartoffeln (je ca. 150 g)
- 50 g Radieschensprossen (falls verträglich), alternativ

- 5-8 Kartoffeln
- 1 Brunnenkresse
- 1 Bund Petersilie
- 1 Prise Salz

Zubereitung:

1. Kartoffeln gründlich waschen und in kochendem Wasser ca. 25 Minuten kochen, bis sie gar sind. Die Kartoffeln abgießen, auf ein mit Backpapier ausgelegtes Backblech legen und im vorgeheizten Backofen (E-Herd: 200 Grad / Umluft: 175 Grad / Gas: Stufe 3) ca. 20 Minuten backen.

2. In der Zwischenzeit die Radieschen putzen, waschen, trocken tupfen und in Stifte schneiden.

3. Die Sprossen gründlich mit kaltem Wasser abwaschen und gut abtropfen lassen. Wer keine Sprossen verträgt, nimmt Brunnenkresse und schneidet sie vom Beet.

4. Die Petersilie waschen und trocken schütteln. Mit Ausnahme der aus dem Beet. Waschen und schütteln Sie die Petersilie, bis sie trocken ist.

5. Bis auf ein paar Blätter zum Garnieren die Blätter von den Stielen streifen und in feine Streifen schneiden.

Kartoffelschnitzel

Vorbereitungszeit:	Kochzeit/Herstellung:	Portionen:
10 Minuten	1 Stunde 40 Minuten	4

Zutaten:

- 100 ml Wasser
- 2 l Frittieröl
- 1 Teelöffel Salz
- 5 große Kartoffeln
- 300 g Dinkelmehl
- 2 Teelöffel Backpulver
- 1 Prise Pfeffer

Zubereitung:

1. Schälen Sie die Kartoffeln und schneiden Sie das in 3 mm dicke Scheiben. Trocken tupfen. 250 g Mehl, Backpulver, ½ Teelöffel Salz und Pfeffer in einer Schüssel mischen.

2. Wasser zugeben und zu einem glatten Teig verarbeiten. Die Kartoffelscheiben im restlichen Mehl wenden und in den Teig tauchen. Frittierfett in einen hohen Topf geben und bei mittlerer Hitze heiß werden lassen.

3. Die Kartoffelscheiben in das Frittierfett legen und ca. 5-8 Minuten hellbraun frittieren. Dann die Scheiben abschöpfen, auf Küchenpapier legen und die Temperatur des Frittieröls höher stellen.

4. Nun die Kartoffelscheiben erneut frittieren, bis die goldbraun sind. Salzen und heiß servieren.

Veggie-Burger

Vorbereitungszeit:	Kochzeit/Herstellung:	Portionen:
10 Minuten	40 Minuten	4

Zutaten:

- 1 Ei
- 250 g Blumenkohl
- 8 Scheiben Salatgurke
- 150 g Süßkartoffeln
- 1 Teelöfel Paprikapulver
- 1 Teelöffel Majoran
- 1 Teelöffel Paprika
- ½ Teelöffel Knoblauchpulver
- 50 g Pfeilwurzelstärke
- ½ Teelöffel Pfeffer
- 1 Teelöffel Butter
- ½ Teelöffel Salz
- Für den Rest des Burgers: 4 EL Paprikamark
- 4 passende Brötchen
- (z.B. Scones aus diesem Buch)
- 1 kleine rote Zwiebel

Zubereitung:

1. Salzwasser in einem hohen Topf zum Kochen bringen. Den Blumenkohl in Röschen schneiden. Schälen Sie die Schale der Süßkartoffeln und schneiden Sie die in Würfel. Das Gemüse ca. 15 Minuten kochen, bis alles durchgegart ist.

2. Schneiden Sie in der Zwischenzeit die Zwiebel in feine Würfel. Lassen Sie die Butter in einer Pfanne heiß werden und schwitzen Sie die Zwiebeln darin glasig. Das gekochte Gemüse zusammen mit den Zwiebeln, Pfeilwurzelstärke, Ei und Gewürzen in einer Schüssel mit einer Gabel zu einem Teig verarbeiten.

3. Aus dem Teig runde, kompakte Burger-Patties formen. Die Butter erneut in einer Pfanne erhitzen und die Patties von jeder Seite ca. 3-5 Minuten kräftig anbraten.

4. Zum Servieren die entsprechenden Brötchen aufschneiden, mit Paprikamark bestreichen, ein Burger-Patty in die Hälfte legen, mit 1-2 Gurkenscheiben garnieren und mit dem Deckel verschließen. Servieren Sie die Burger sofort.

Leckere leichte Wraps

Vorbereitungszeit:	Kochzeit/Herstellung:	Portionen:
5 Minuten	15 Minuten	2

Zutaten:

- 1 Karotte
- 1 kleine Salatgurke
- 1 Handvoll Rotkohl
- 1 Mangold
- 1 Rhabarber (verzehrfertig)
- 6 Kopfsalatblätter

Für den Dip:

- ½ Teelöffel Knoblauchpulver
- ½ Teelöffel Zwiebelpulver
- 50 g Tahini
- 30 ml Wasser
- ½ Teelöffel Salz

Zubereitung:

1. Waschen Sie die Salatblätter gründlich und tupfen Sie das trocken. Schneiden Sie Karotte, Gurke, Mangold, Rhabarber und Rotkohl in feine Streifen oder alternativ alles in Scheiben.

2. Mischen Sie den Mais unter die Masse. Legen Sie ein Salatblatt auf ein Arbeitsbrett und legen Sie die Gemüsestreifen in die Mitte des Salatblattes. Achten Sie darauf, dass Sie die Röllchen nicht überfüllen!

3. Falten Sie das Salatblatt erst oben und unten ein, dann rollen Sie es komplett zu einem Wrap auf. Für den Dip alle Zutaten gut miteinander verrühren.

4. Große Brötchen können Sie vorsichtig in der Mitte durchschneiden, kleine Brötchen können Sie dippen und ganz servieren.

Zucchini-Nudeln in Sahnesauce

Vorbereitungszeit:	Kochzeit/Herstellung:	Portionen:
5 Minuten	15 Minuten	4

Zutaten:

- 1 Prise Salz
- 1 Esslöffel Olivenöl
- 200 ml Sahne
- 400 g Vollkorn-Fusilli
- 250 g Zucchini

Zubereitung:

1. Waschen Sie zunächst die Zucchini und schneiden Sie die in Scheiben.

2. Erhitzen Sie das Olivenöl in einem Topf, geben Sie die Zucchini dazu und lassen Sie das anbraten.

3. Geben Sie 200 ml Wasser und die Sahne hinzu und lassen Sie alles zugedeckt 8 Minuten köcheln.

4. In der Zwischenzeit die Nudeln nach Anleitung kochen, abgießen und kurz beiseite stellen.

5. Nachdem die Zucchini fertig gegart sind, die Nudeln in eine Schüssel geben. Geben Sie die Zucchini zusammen mit der Sahnesauce dazu, mischen Sie alles und würzen Sie mit Salz.

Kohlrouladen

Vorbereitungszeit:	Kochzeit/Herstellung:	Portionen:
10 Minuten	40 Minuten	2

Zutaten:

- 2 Knoblauchzehen
- 1 große rote Zwiebel
- 2 Esslöffel Olivenöl
- 6 Krautblätter
- 150 g Champignons
- 150 g Pastinaken
- 1 Teelöffel Paprikapulver
- ½ Teelöffel Salz
- ½ Teelöffel Pfeffer
- 200 g verzehrfertige Kastanien
- 1 Teelöffel Thymian

Für die Paprikasauce:

- 1 Prise Pfeffer
- 300 g Paprikaschoten ohne Haut
- ½ Teelöffel Salz

Zubereitung:

1. Zuerst den Backofen mit 180 Grad Umluft auf Temperatur bringen. Die Kohlblätter vorsichtig herausnehmen und waschen. In einem großen Topf Wasser bei mittlerer Hitze zum Kochen bringen und die Kohlblätter darin zugedeckt ca. 2 Minuten blanchieren. Anschließend die Kohlblätter mit kaltem Wasser abwaschen und beiseite stellen.

2. Für die Füllung die Haut der Pastinaken abziehen und in große Stücke schneiden. Die Champignons waschen und in der Mitte durchschneiden. Schneiden Sie die Zwiebel und die Knoblauchzehen in große Würfel.

3. Olivenöl in einer Pfanne erhitzen und Maronen, Pastinaken, Champignons, 5 Zwiebeln und Knoblauch unter gelegentlichem Rühren ca. 5 Minuten anschwitzen. Mit Thymian, Paprika, Salz und Pfeffer abschmecken.

4. In der Zwischenzeit die Paprikaschoten ohne Haut zu einer Sauce pürieren, in eine Auflaufform geben und mit Salz und Pfeffer würzen.

5. Die geröstete Füllung mit einem Stabmixer grob pürieren und etwas abkühlen lassen.

6. Die Kohlblätter auf ein Arbeitsbrett legen, eine kleine Handvoll der Füllung zu einem Kloß formen und in das Kohlblatt füllen, das Kohlblatt sofort zu einer Roulade einwickeln und mit Bindfaden fixieren.

7. Die fertigen Kohlrouladen auf die Paprikasauce legen und im Backofen ca. 20 Minuten garen.

Pasta-Pastinaken

Vorbereitungszeit:	Kochzeit/Herstellung:	Portionen:
10 Minuten	20 Minuten	2

Zutaten:

- 1 Handvoll frische Petersilie
- 3 große Pastinaken
- 125 g Mandeln
- ½ Teelöffel Pfeffer
- 1 kleine rote Zwiebel
- 4 Knoblauchzehen
- 1 Prise Muskatnuss
- 1 Teelöffel Butter
- ½ Teelöffel Salz
- 1 Handvoll frische Petersilie
- 3 große Pastinaken
- 100 ml Mandelmilch

Zubereitung:

1. Weichen Sie die Mandeln über Nacht oder für mindestens 6 Stunden in warmem Wasser ein.

2. Dann werden die Mandeln unter fließendem Wasser gründlich abwaschen und zusammen mit der Mandelmilch, Muskatnuss, Salz und Pfeffer in einen Mixer gießen.

3. Schneiden Sie die Zwiebel in Würfel. Schälen Sie die Knoblauchzehen ab und schneiden Sie sie in feine Scheiben.

4. Die Butter in einer Pfanne heiß werden lassen und die Zwiebeln darin kurz anschwitzen, dann den Knoblauch dazugeben und ca. 3 Minuten bei mittlerer Hitze köcheln lassen.

5. Die Zwiebel-Knoblauch-Mischung zu den Nüssen geben und zu einer cremigen Sauce pürieren.

6. Salzwasser in einem hohen Topf zum Kochen bringen. In der Zwischenzeit die Pastinaken waschen und die äußere Schale mit einem Sparschäler abschälen. Für die Nudeln einfach weiter mit dem Sparschäler schälen, bis die Wurzeln abgeschält sind.

7. Die Pastinakennudeln in den Topf mit kochendem Wasser geben und ca. 1-2 Minuten köcheln lassen. Dann die Nudeln abgießen, mit der Mandelsauce mischen und mit Petersilie garnieren und servieren.

Kürbis Chili Con Carne

Vorbereitungszeit:	Kochzeit/Herstellung:	Portionen:
10 Minuten	40 Minuten	2

Zutaten:

- 250 g Mangold
- 1 Hokkaido-Kürbis
- 500 ml Gemüsebrühe
- ½ Teelöffel Salz
- 1 Chilischote (falls verträglich)
- 1 Knoblauchzehe
- 2 Esslöffel Paprikamark
- 1 Prise Pfeffer
- 1 rote Zwiebel
- 2 Mohrrüben
- 1 Esslöffel Butter

Zubereitung:

1. Waschen Sie den Kürbis, entfernen Sie die Kerne mit einem Löffel und schneiden Sie ihn mitsamt der Schale in mundgerechte Würfel. Schälen Sie die Haut der Möhren und schneiden Sie das in Scheiben.

2. Zwiebel, Knoblauchzehe und Chilischote in feine Würfel schneiden. Erhitzen Sie die Butter in einem großen Topf und dünsten Sie die Zwiebeln darin ca. 3 Minuten glasig. Kürbis, Möhren, Knoblauch und Chili in den Topf geben und alles zusammen ca. 5 Minuten leicht anschwitzen, dabei gelegentlich wenden.

3. Das Paprikamark hinzugeben und mit der Gemüsebrühe aufgießen.

4. Zugedeckt ca. 20 Minuten köcheln lassen, bis das Gemüse durchgegart ist. Mit Salz und Pfeffer abschmecken. Vor dem Servieren mit Mangold garnieren und die Suppe heiß servieren.

Spargel mit Sauce Hollandaise

Vorbereitungszeit:	Kochzeit/Herstellung:	Portionen:
10 Minuten	40 Minuten	2

Zutaten:

- 2 Eigelb
- 10 weiße Spargelstangen
- 2 Esslöffel Wasser
- 1 Spritzer Essig (falls verträglich)
- 160 g Butter
- 1 Prise Cayennepfeffer
- 1 Messerspitze Salz

Zubereitung:

1. Schälen Sie die Schale des Spargels und schneiden Sie die holzigen Enden ab.

2. Der Trick dabei: von oben nach unten schälen und erst dann das Ende des Spargels entfernen. So schneiden Sie nicht zu viel von dem Gemüse ab. Dann in kochendes Wasser geben (für genau 7 Minuten).

3. Für die Zubereitung der Sauce gehen Sie wie folgt vor: Schmelzen Sie die Butter in einem Topf auf dem Herd. Schmelzen Sie das auf einer kleinen Flamme - die Butter darf nie zu heiß sein.

4. Mischen Sie in der Zwischenzeit die Eigelbe, das Wasser und den Essig in einer Schüssel und stellen Sie das in ein Wasserbad.

5. Dann mit dem Schneebesen eines Handrührgerätes schaumig schlagen. Aus 5.dem Wasserbad nehmen und die geschmolzene Butter erst teelöffelweise, dann esslöffelweise unter ständigem Schlagen mit dem Handrührgerät in die Eimasse geben.

6. Führen Sie diesen Vorgang langsam, gründlich und gewissenhaft durch, sonst gerinnt die Sauce! Anschließend die Sauce mit Gewürzen abschmecken. Die Sauce kann in ein Wasserbad gestellt werden, um sie warm zu halten. Achten Sie aber darauf, dass die Sauce auf keinen Fall kocht, sonst gerinnt sie ebenfalls.

7. Servieren Sie den Spargel mit der Sauce. Traditionell schmecken die Kartoffeln am besten dazu. Wenn Sie es besonders raffiniert mögen, können Sie etwas fein geschnittenen Schnittlauch über die Kartoffeln und die Sauce geben.

Zucchini mit einer leckeren Füllung

Vorbereitungszeit:	Kochzeit/Herstellung:	Portionen:
10 Minuten	30 Minuten	2

Zutaten:

- 1 Messerspitze Salz und Pfeffer
- 1 Handvoll Koriander
- 1 Esslöffel Butter
- 1 gehackte rote Zwiebel
- 1 Messerspitze Chili
- 1 Prise Curry
- 2 große Zucchini
- 300 g vegetarisches Hackfleisch
- 100 ml Kokosnussmilch
- 1 Knoblauchzehe

Zubereitung:

1. Heizen Sie den Backofen mit einem 180-Grad-Umluftventil auf Temperatur. Schneiden Sie die Zucchini der Länge nach ein und höhlen Sie das mit einem Esslöffel aus (so dass genügend Platz bleibt, um die Zucchini anschließend zu füllen). Schneiden Sie das ausgehöhlte Zucchinifleisch in kleine Würfel.

2. Salzen Sie die Zucchinihälften und geben Sie das für 10 Minuten in den Backofen. Dann aus dem Ofen nehmen und beiseite stellen.

3. Die Zwiebeln und den Knoblauch fein hacken. Butter in einer Pfanne erhitzen und Zwiebeln und Knoblauch darin andünsten, bis die Zwiebeln glasig sind. Hackfleisch zugeben und anbraten. Dann das Zucchinifleisch in die Pfanne geben. Nun mit Curry und Chili würzen.

4. Kokosmilch einarbeiten und alles zusammen ca. 10 Minuten kochen, bis die Sauce eindickt und cremig wird. Nun den Koriander einrühren.

5. Die Mischung in die Zucchinihälften füllen und für 10-15 Minuten in den Backofen schieben, um sie fertig zu backen. Servieren Sie die heißen Zucchini sofort.

Königliche Austernpilze in Salbeibutter

Vorbereitungszeit:	Kochzeit/Herstellung:	Portionen:
10 Minuten	15 Minuten	2

Zutaten:

- 1 Messerspitze Pfeffer
- 1 Prise Salz
- 3 Esslöffel Butter
- 300 g Königliche Austernpilze
- 1 Handvoll frischer Salbei

Zubereitung:

1. Säubern Sie die Königsausternpilze - das können Sie tun, indem Sie sie mit einer weichen Bürste abbürsten. Schneiden Sie sie dann der Länge nach in Scheiben.

2. Schneiden Sie den Salbei in Streifen.

3. Erhitzen Sie die Butter in einer Pfanne und braten Sie den Salbei kurz an.

4. Geben Sie die Austernpilze in die Pfanne und braten Sie sie, bis sie eine hellbraune Farbe angenommen haben. Wenn nötig, mehr Butter in die Pfanne geben.

5. Salzen und pfeffern Sie die Königsausternpilze vor dem Servieren.

Lauchkuchen

Vorbereitungszeit:	Kochzeit/Herstellung:	Portionen:
10 Minuten	15 Minuten	12

Zutaten:

- ½ Teelöffel Salz
- 60 g Pfeilwurzelstärke
- 130 g gemahlene Mandeln
- 30 ml Olivenöl
- 1 Esslöffel geriebener Rosmarin
- 1 Prise Pfeffer
- 1 Ei
- 1 Esslöffel Wasser
- 50 g Kastanienmehl

Für die Lauchfüllung:

- 1 Teelöffel Oregano
- 500 g Porree-Stangen
- 1 Teelöffel Salz
- ½ Teelöffel Pfeffer
- 3 Eier
- 180 ml Kokosnussmilch

Zubereitung:

1. Fügen Sie Gewürze und ggf. etwas Pfeilwurzelstärke hinzu, wenn der Teig zu klebrig ist (Sie sollten den Teig mit einem Nudelholz bearbeiten können).

2. Legen Sie den Teig für 10 Minuten zum Ruhen in den Kühlschrank. Pinseln Sie in der Zwischenzeit die Kuchenform mit etwas Kokosöl oder Butter ein.

3. Schneiden Sie den Lauch in gleich große, etwa 2 cm dicke Ringe.

4. Den Teig zwischen zwei Blättern Backpapier mit Hilfe des Nudelholzes ausrollen, in die Kuchenform legen und mit den Fingern am Rand fest andrücken. Den Teig einige 5. Male mit einer Gabel einstechen und zum Vorbacken bei 180 Grad für 10 Minuten in den Ofen geben.

5. In der Zwischenzeit die Füllung zubereiten. Dazu die Kokosmilch mit den 3 Eiern und den Gewürzen verquirlen und auf den vorgebackenen Kuchenboden gießen.

6. Die Lauchringe kreisförmig auf den Tortenboden legen und für weitere 30 Minuten in den nehmen Sie den Lauchkuchen aus dem Ofen, schneiden ihn auf und servieren ihn sofort.

Rosmarinkartoffeln

Vorbereitungszeit:	Kochzeit/Herstellung:	Portionen:
10 Minuten	15 Minuten	2

Zutaten:

- 1 Prise Meersalz
- 1 Knoblauchzehe
- 3 Esslöffel Olivenöl
- 2 Zweige Rosmarin
- 500 g Kartoffeln

Zubereitung:

1. Schneiden Sie die gekochten Kartoffeln der Länge nach in Viertel. Die Knoblauchzehe schälen, hacken und in einer kleinen Schüssel mit dem Olivenöl vermischen.

2. Waschen Sie den Rosmarin, entfernen Sie die Nadeln und hacken Sie ihn. Den gehackten Rosmarin unter das Olivenöl mischen. Mit Salz abschmecken.

3. Die Pfanne heiß werden lassen, die Ölmischung hineingeben und die Kartoffeln bei mittlerer Hitze 5-8 Minuten goldbraun braten, dabei gelegentlich schwenken. Servieren Sie die Rosmarinkartoffeln sofort.

Winterkohlgemüse

Vorbereitungszeit:	Kochzeit/Herstellung:	Portionen:
10 Minuten	**40 Minuten**	**4**

Zutaten:

- 1 mittelgroße Zwiebel in Scheiben geschnitten
- 4 Knoblauchzehen, zerkleinert
- 2 Esslöffel Olivenöl
- 2 Teelöffel gemahlener Kreuzkümmel
- 2 Teelöffel gemahlener Koriander
- 2 Teelöffel Meersalz
- 2-3 Kartoffeln
- 1 Kohl
- 2 TL schwarzer Pfeffer

Zubereitung:

1. Kochen Sie die Kartoffeln in der Schale 15-20 Minuten, bis sie gar sind. Dann die Kartoffeln abgießen, etwas abkühlen lassen, pellen und in Scheiben schneiden.

2. In der Zwischenzeit den Kohl von den äußeren Blättern befreien, vierteln, den Strunk entfernen und den Kohl in dünne Streifen schneiden. In Salzwasser ca. 5 Minuten bissfest kochen, dann den Kohl abgießen und in einem Küchensieb gut abtropfen lassen. Die Zwiebel schälen und in feine Würfel schneiden.

3. Dann das Öl in einer Pfanne heiß werden lassen. Die Zwiebel darin glasig anschwitzen, dann die Kartoffeln in die Pfanne geben und von beiden Seiten anbraten. Geben Sie den Kohl in die Pfanne und braten Sie ihn unter vorsichtigem Rühren ein paar Mal an. Mit Salz, Pfeffer und Kümmel abschmecken.

4. Die Eier nacheinander aufschlagen und mit der Sahne verquirlen. Nun die Eier, Sahne-Mischung über dem Gemüse verteilen und 5 Minuten stocken lassen. Nochmals mit Salz abschmecken und sofort warm servieren.

Nudeln mit Karottenpesto

Vorbereitungszeit:	Kochzeit/Herstellung:	Portionen:
10 Minuten	**30 Minuten**	**2**

Zutaten:

- 15 g Ingwer
- 350 g Möhren
- 125 g Mozzarella (Kugel)
- 1 Esslöffel Leinöl
- ½ Pfeffer
- 1 Teelöffel Oregano
- 25 g saure Sahne
- 20 g Erdmandeln
- 280 ml Wasser
- 1 Teelöffel Salz
- 160 g Buchstabennudeln nach Wahl

Zubereitung:

1. Waschen, putzen, schälen und schneiden Sie zunächst die Möhren in dicke Scheiben. Den Ingwer schälen, in große Stücke schneiden und mit den Möhren, Salz, Pfeffer und Wasser ca. 15 Minuten bissfest kochen.

2. In der Zwischenzeit die Nudeln in reichlich Wasser bissfest kochen. Schneiden Sie den Mozzarella in kleine, feine Würfel.

3. Die gekochten Möhren mit Leinöl und saurer Sahne mischen und pürieren. Erdmandeln, Oregano und Mozzarella zu den Möhren geben, würzen und pürieren. Erdmandeln, Oregano und Mozzarella zu den Möhren geben, gut mit Salz und Pfeffer würzen.

4. Dinkelnudeln abtropfen lassen und auf zwei Teller verteilen. Das Karottenpesto über die Nudeln verteilen, mit Oregano bestreuen und frisch gemahlenen Pfeffer darüber geben. Servieren Sie die Nudeln mit dem Karottenpesto sofort.

SUPPEN

Karottensuppe

Vorbereitungszeit:	Kochzeit/Herstellung:	Portionen:
10 Minuten	**20 Minuten**	**1**

Zutaten:

- 125 g Mohrrüben
- 1 Teelöffel Gemüsebrühe
- 1 Teelöffel Butter
- 1 ½ Teelöffel Kräuterfrischkäse

Zubereitung:

1. Zuerst die Mohrrüben schälen und schneiden. Die Butter in einer Pfanne schmelzen und die Möhren darin anbraten, bis sie weich sind.

2. Mit 175 ml Wasser glasieren und die Brühe füllen. Nochmals kochen.

3. Vor dem Servieren wird es mit Frischkäse verfeinert.

Kürbissuppe

Vorbereitungszeit:	Kochzeit/Herstellung:	Portionen:
10 Minuten	**35 Minuten**	**4**

Zutaten:

- 1 Prise Pfeffer
- 1 Teelöffel Öl
- 1 Prise Salz
- 2 Mohrrüben
- 10g frischer Ingwer
- 3 grüne Zwiebeln
- 600 g Hokkaido-Kürbis
- 600 ml Brühe (hefefrei)
- 400 ml Kokosmilch

Zubereitung:

1. Den Kürbis waschen und halbieren. Entfernen Sie den Kerndraht und den flexiblen Kerndrahtkasten. Das Kürbisfleisch in kleine Würfel schneiden. Karotten waschen, Stängel entfernen und in kleine Würfel schneiden.

2. Zwiebel und Ingwer schälen und in Würfel schneiden. Etwas Öl im Topf erhitzen. Die Zwiebeln braten, dann Ingwer, Mohrrüben und Kürbiswürfel hinzufügen. Das Gemüse umrühren und mit Brühe glasieren.

3. Nach dem Kochen bei mittlerer Hitze ca. 20 Minuten kochen lassen. Rühren Sie das Püree mit einem Handmixer.

4. Kokosmilch hinzufügen, erhitzen und umrühren. Mit Salz und Pfeffer würzen und servieren.

Kohlsuppe

Vorbereitungszeit:	Kochzeit/Herstellung:	Portionen:
10 Minuten	**20 Minuten**	**2**

Zutaten:

- 1 mittelgroßer Kopf Weißkohl
- 200 ml Wasser
- 1 Prise Grüner Pfeffer
- 4 Esslöffel Olivenöl
- 1 Prise Salz
- 2 mittelgroße Kartoffeln

Zubereitung:

1. Für die Kohlsuppe zunächst den Kohl waschen und würfeln. Die Kartoffeln schälen, waschen und würfeln.

2. Wasser in einen Topf geben, den Kohl und die Kartoffeln darin kochen, bis das Gemüse ganz weich ist.

3. Sobald das Gemüse weich ist, mit einem Stabmixer pürieren und mit Salz und Pfeffer abschmecken.

4. Zum Schluss die Kohlsuppe mit 4 Esslöffeln Olivenöl verfeinern und servieren.

Zucchinisuppe mit Reisnudeln

Vorbereitungszeit:	Kochzeit/Herstellung:	Portionen:
10 Minuten	35 Minuten	2

Zutaten:

- 400ml Wasser
- 400 g Zucchini
- 100 g Butterkäse
- 1 Spritzer Öl
- 1 Prise Grüner Pfeffer
- 1 Messerspitze Salz
- 1 Prise Weißer Pfeffer
- 150 g Reisnudeln
- 1 Prise Schwarzer Pfeffer

Zubereitung:

1. Für die Zucchinisuppe zunächst die Zucchini waschen und grob würfeln. In einem mittelgroßen Topf mit ein wenig Öl anbraten.

2. Dann mit Wasser aufgießen, die Reisnudeln dazugeben und die Zucchinisuppe kochen, bis Zucchini und Reisnudeln gar sind.

3. Anschließend pürieren Sie die Zucchinisuppe. Die Suppe nach Belieben mit Salz und Pfeffer würzen und den Butterkäse in die noch heiße Suppe geben und umrühren, bis er geschmolzen ist.

Kokosnuss-Kartoffelsuppe

Vorbereitungszeit:	Kochzeit/Herstellung:	Portionen:
10 Minuten	35 Minuten	4

Zutaten:

- 1 Messerspitze Pfeffer
- 1 rote Paprika
- 3 Esslöffel Butter
- 125 ml Kokosnussmilch
- 1 Prise Salz
- 1 große Zwiebel
- 500 g Reis
- 100 ml Wasser

Zubereitung:

1. Für den Kokosreis zunächst die Paprikaschoten waschen und in Streifen schneiden. Dann die Zwiebel schälen und würfeln.

2. Dann das Gemüse mit der Butter in einer Schale andünsten und die Zwiebel würfeln. Anschließend das Gemüse mit der Butter in einem Topf bei mittlerer Hitze andünsten und den Reis unterheben.

3. Mit Kokosmilch und Wasser ablöschen, salzen und pfeffern, aufkochen und zugedeckt 20 Minuten köcheln lassen.

Maissuppe

Vorbereitungszeit:	Kochzeit/Herstellung:	Portionen:
10 Minuten	40 Minuten	2

Zutaten:

- 250 ml Gemüsebrühe
- 200 g Dosenmais
- 1 kleine rote Paprika
- 1 Esslöffel Butter

- 1 Esslöffel Dinkelmehl
- 2 Eigelb
- 250 g saure Sahne
- 1 Teelöffel Kräuter

Zubereitung:

1. Für die Maissuppe zunächst die Paprikaschoten waschen und würfeln. Butter in einem Topf erhitzen und das Dinkelmehl darin anschwitzen, dann sofort mit der Gemüsebrühe ablöschen.

2. 100 g Mais zugeben und kochen, bis sich die Maiskörner pürieren lassen. Nach dem Pürieren die restlichen 100 g Maiskörner zugeben, die Paprika zugeben und mit den Kräutern würzen, 15 Minuten bei mittlerer Hitze köcheln lassen.

3. In einer kleinen Schüssel die saure Sahne mit dem Eigelb verrühren und zur Suppe geben. Zum Schluss

Fischsuppe

Vorbereitungszeit:	Kochzeit/Herstellung:	Portionen:
10 Minuten	35 Minuten	3 - 4

Zutaten:

- 500 ml Wasser
- 400 g tiefgekühlter Fisch (verschiedene Fischsorten sind willkommen)
- 1 EL Paprikapulver
- 2 große Zwiebel
- 1 Frische Petersilie
- ½ Teelöffel Salz
- 1 kleine Kartoffel
- 1 Teelöffel Pfeffer
- 1 große Karotte

Zubereitung:

1. Für die Fischsuppe lassen Sie den Fisch zunächst auftauen und schneiden ihn in kleinere Stücke. Filets sind für die Fischsuppe besser geeignet, da sie keine Gräten haben. Schälen Sie die Zwiebel und hacken Sie das fein.

2. Die Karotte schälen und fein raspeln. Die Kartoffeln schälen, waschen und ebenfalls würfeln. Erhitzen Sie das Olivenöl in einer Pfanne und dünsten Sie das Gemüse bei geringer Hitze 5 Minuten an.

3. Dann Wasser zugeben und mit Paprikapulver, Salz und Pfeffer verrühren. Die Suppe bei schwacher Hitze 1 Stunde köcheln lassen und immer wieder umrühren, damit nichts anbrennt.

4. Schmecken Sie die Suppe ab und würzen Sie ggf. nach. Für eine gewisse Schärfe kann Pfeffer zugegeben werden. Zum Schluss die Suppe vor dem Servieren mit frischer, fein gehackter Petersilie garnieren.

Apfelsuppe

Vorbereitungszeit:	Kochzeit/Herstellung:	Portionen:
10 Minuten	40 Minuten	4

Zutaten:

- 50 g Zucker
- ½ kg Äpfel
- 800 ml Gemüsebrühe
- ½ Zwiebel
- 1 Teelöffel frische Petersilie
- 1 Esslöffel Butter
- 200 ml Wasser
- 150 g Dinkelmehl

Zubereitung:

1. Die Äpfel schälen und würfeln, die Zwiebel schälen und fein würfeln. Dann die Äpfel mit Zucker und der Gemüsebrühe in einem Topf zum Kochen bringen und weitere 15 Minuten bei mittlerer Hitze köcheln lassen.

2. Kaltes Wasser mit Dinkelmehl in einem Gefäß verrühren und über die Apfelsuppe gießen. Die Suppe 3 Minuten unter ständigem Rühren kochen. Zum Schluss die Butter in die Suppe geben und 3 Minuten unter ständigem Rühren kochen.

3. Zum Schluss die Butter in die Suppe geben und mit frischer Petersilie servieren.

Schafskäse-Suppe

Vorbereitungszeit:	Kochzeit/Herstellung:	Portionen:
10 Minuten	35 Minuten	4

Zutaten:

- 500 ml Gemüsebrühe
- 1 große Zwiebel
- 1 Esslöffel Butter
- 1 Prise Pfeffer
- ½ Teelöffel Salz
- 1 Teelöffel Dill
- 1 Esslöffel Schnittlauch
- 400 ml saure Sahne
- 2 Eigelb
- 3 Esslöffel Dinkelmehl
- 150 g Schafskäse
- 2 große Kartoffeln

Zubereitung:

1. Für die Suppe zunächst die Zwiebel schälen und fein würfeln.

2. Die Kartoffeln schälen und in mittelgroße Würfel schneiden. Butter in einem Topf schmelzen und die Zwiebel darin glasig dünsten.

3. Dann das Dinkelmehl zugeben und mit der Gemüsebrühe ablöschen.

4. Geben Sie nun die Kartoffelwürfel dazu und lassen Sie die Brühe bei mittlerer Hitze etwa 20 Minuten köcheln.

5. In der Zwischenzeit die restlichen Zutaten in einer Schüssel verrühren und in die Suppe geben. Lassen Sie die Suppe weitere 10 bis 15 Minuten leicht köcheln.

6. Sobald die Suppe fertig ist, mit einem Stabmixer pürieren und mit frischem Dill verfeinern.

Brokkoli-Ricotta-Suppe

Vorbereitungszeit:	Kochzeit/Herstellung:	Portionen:
10 Minuten	35 Minuten	2

Zutaten:

- 300 ml Wasser
- 75 g Ricotta
- 2 Knoblauchzehen
- 1 Esslöffel Olivenöl
- 2 Stängel Staudensellerie
- 1 Minze
- 500 g Brokkoli
- 1 Prise Salz

Zubereitung:

1. Schälen und hacken Sie zunächst den Knoblauch. Erhitzen Sie das Olivenöl in einem Kochtopf und braten Sie den Knoblauch darin an.

2. Waschen Sie den Brokkoli und schneiden Sie den in Röschen.

3. Den Staudensellerie schälen und in kleine Stücke schneiden. Beides in den Topf geben und anbraten. Anschließend mit Wasser ablöschen und mit Salz würzen.

4. Das Gemüse 15-20 Minuten bei geschlossenem Deckel köcheln lassen. Waschen und hacken Sie die Minze.

5. Nehmen Sie das Gemüse vom Herd und pürieren Sie es. Anschließend die Minze einrühren und die Suppe mit Salz abschmecken.

6. Zum Servieren die Suppe mit dem Ricotta garnieren.

Feine Hähnchensuppe

Vorbereitungszeit:	Kochzeit/Herstellung:	Portionen:
10 Minuten	15 Minuten	4

Zutaten:

- 1 l Gemüsebrühe (siehe Grundrezept „Gemüsebrühe" unter Mittagsgerichte)
- 1 Zwiebel
- 250 g Langkornreis
- 3 Hähnchenschenkel
- 1 gelbe Zucchini
- 4 Esslöffel Rapsöl

Zubereitung:

1. Zuerst die Brühe in einem Topf zum Kochen bringen, die Hühnerschenkel dazugeben und alles 30 Minuten kochen lassen. Dann aus der Brühe nehmen und das Fleisch von den Knochen lösen.

2. In der Zwischenzeit kochen Sie den Reis.

3. Waschen Sie die Zucchini und schneiden Sie sie in Scheiben. Blanchieren Sie die Zucchinischeiben 2 Minuten lang in etwas Wasser.

4. In der Zwischenzeit die Zwiebel schälen und würfeln. In einer Pfanne mit etwas Öl erhitzen und andünsten. Dann abtropfen lassen und den Reis hinzufügen.

5. Zum Schluss die Zucchini zum Reis geben, alles miteinander vermischen und das Fleisch zum Gemüsereis geben. Alles anrichten und servieren.

Lauchsuppe

Vorbereitungszeit:	Kochzeit/Herstellung:	Portionen:
10 Minuten	25 Minuten	4

Zutaten:

- 3 Kartoffeln (mittelgroß)
- 400 g Lauch
- Etwas Öl
- 1 Prise Salz und Pfeffer
- ½ Bund Petersilie
- 4 Esslöffel Schlagsahne
- 600 ml Gemüsebrühe

Zubereitung:

1. Putzen Sie zunächst den Lauch, waschen Sie ihn ab, halbieren Sie ihn der Länge nach und waschen Sie ihn nochmals gründlich unter fließendem kaltem Wasser.

2. Dann schneiden Sie den Lauch in Ringe. Waschen Sie die Kartoffeln, schälen Sie die Schale und schneiden Sie das in große Würfel.

3. Nun den Lauch in einem Topf mit etwas Öl kurz anbraten, dann die Kartoffeln dazugeben. Nach ca. 5 Minuten die Gemüsebrühe in den Topf gießen und alles zum Kochen bringen.

4. Dann bei mittlerer Hitze zugedeckt 10 Minuten köcheln lassen, bis das Gemüse durchgekocht ist.

5. Pürieren Sie nun die Suppe mit dem Stabmixer bis zur gewünschten Konsistenz, rühren Sie dann die Schlagsahne in die Suppe und bringen Sie die Suppe erneut zum Kochen.

6. Waschen und schütteln Sie die Petersilie, bis sie trocken ist. Die Blätter vom Stängel abzupfen und fein hacken. Nehmen Sie die Suppe vom Herd.

7. Das Gemüsebrühepulver, Salz und Pfeffer in die Suppe geben, abschmecken, mit der Petersilie garnieren und servieren.

Brokkolisuppe mit Mandelbonus

Vorbereitungszeit: 10 Minuten | **Kochzeit/Herstellung:** 30 Minuten | **Portionen:** 4

Zutaten:

- 1 l Gemüsebrühe
- 1 Zwiebel
- 2 Knoblauchzehe
- 1 Geriebene Muskatnuss
- 1 Prise Pfeffer
- 1 Prise Salz
- 200 g Schlagsahne
- 30 g gehackte Mandeln
- 600 g tiefgekühlter Brokkoli
- 2 Esslöffel Öl
- 400 g Kartoffeln

Zubereitung:

1. Schälen Sie die Zwiebel und den Knoblauch. Schneiden Sie beides in mäßig feine Würfel.

2. Öl in einem Topf heiß werden lassen, Zwiebel und Knoblauch darin glasig dünsten. Schälen Sie die Kartoffeln, waschen Sie das und schneiden Sie die in feine Würfel.

3. Kartoffeln und Brokkoli in den Topf geben, kurz andünsten und dann mit der Brühe ablöschen. Die Suppe zum Kochen bringen und zugedeckt ca. 12 Minuten köcheln lassen, bis das Gemüse gar ist.

4. In der Zwischenzeit die Mandeln in einer beschichteten Pfanne goldbraun rösten, aus der Pfanne nehmen und beiseite stellen. 75 g Schlagsahne mit den Quirlen des Handrührgeräts halbsteif aufschlagen.

5. Nehmen Sie den Topf mit dem Gemüse vom Herd und pürieren Sie die Brühe und das Gemüse mit einem Stabmixer, bis Sie die gewünschte Konsistenz haben.

6. Rühren Sie 125 g Sahne unter die Suppe. Mit Salz, Pfeffer und Muskatnuss abschmecken. Die Suppe mit einem Klecks Schlagsahne und den gerösteten Mandeln anrichten und servieren.

Rosenkohlsuppe

Vorbereitungszeit: 10 Minuten | **Kochzeit/Herstellung:** 30 Minuten | **Portionen:** 2

Zutaten:

- 1 Prise Muskatnuss
- 2 Esslöffel Kokosnussmilch
- ½ Teelöffel Pfeffer
- 1 Prise Salz
- 500 ml Gemüsebrühe
- 400 g Rosenkohl
- 1 rote Zwiebel
- 1 Knoblauchzehe
- 1 Esslöffel Kokosöl

Zubereitung:

1. Waschen Sie den Rosenkohl gut und lassen Sie ihn abtropfen. Schneiden Sie die harten Enden ab und entfernen Sie ggf. die äußeren Blätter. Größere Röschen eventuell halbieren.

2. Schneiden Sie die Zwiebel in mäßig feine Würfel und hacken Sie den Knoblauch so fein wie möglich.

3. Kokosöl in einem Topf heiß werden lassen. Zwiebeln und Knoblauch darin ca. 5 Minuten bei mittlerer Hitze anschwitzen. Geben Sie den Rosenkohl zu den Zwiebeln und dem Knoblauch und braten Sie ihn weitere 5 Minuten an.

4. Die Brühe über das Gemüse gießen, mit Salz und Pfeffer würzen und weitere 10-15 Minuten sanft köcheln lassen, bis der Rosenkohl durchgekocht ist. Zum Schluss Muskatnuss in die Suppe einrühren.

5. Nehmen Sie die Suppe vom Herd und pürieren Sie das mit einem Stabmixer, bis Sie die gewünschte Konsistenz haben. Wenn die Suppe zu dickflüssig ist, kann etwas mehr Gemüsebrühe hinzugefügt werden.

6. Vor dem Servieren rühren Sie einen Esslöffel Kokosmilch dekorativ in die Suppe. Servieren Sie die Suppe heiß.

Wunderbare Suppe für kaltes Wetter

Vorbereitungszeit:	Kochzeit/Herstellung:	Portionen:
10 Minuten	40 Minuten	2

Zutaten:

- 1 kleiner Brokkolikopf
- Salz zum Abschmecken
- 1 Teelöffel Kurkumapulver
- 1 daumengroßes Stück Ingwer
- 800 ml Rinderbrühe
- 1 Zwiebel
- 2 Handvoll Champignons

Zubereitung:

1. Lassen Sie zunächst die Rinderbrühe bei mittlerer Hitze aufkochen.
2. In der Zwischenzeit das Gemüse waschen, trocknen und klein schneiden. Teilen Sie dazu die Zwiebel in zwei Hälften und schneiden Sie das in Streifen.
3. Waschen Sie den Brokkoli und schneiden den ihn in kleine Röschen. Die Champignons gut waschen, putzen und in mundgerechte Stücke schneiden.
4. Schälen Sie den Ingwer und schneiden das in Scheiben.
5. Das Kurkumapulver in die Suppe geben und gut umrühren.
6. Zwiebeln, Champignons und Ingwer in die Suppe geben und zugedeckt bei mittlerer Hitze ca. 30 Minuten kochen.
7. Ca. 2 Minuten vor Ende der Garzeit den Brokkoli in die Suppe geben und kurz mitköcheln lassen. Auf diese Weise bleiben die wertvollen Inhaltsstoffe weitgehend erhalten. Mit Salz abschmecken und heiß servieren.

Brennnesselsuppe

Vorbereitungszeit:	Kochzeit/Herstellung:	Portionen:
10 Minuten	20 Minuten	2

Zutaten:

- 1 Esslöffel Butter
- 1 rote Zwiebel
- 2 Handvoll frische Brennesselblätter
- 1 Prise Muskatnuss
- 1 Prise Pfeffer
- 1 Prise Salz
- 800 ml Brühe
- 100 ml Kokosnussmilch

Zubereitung:

1. Waschen Sie zunächst die gesammelten Brennnesselblätter und tupfen Sie das sorgfältig trocken.
2. Schneiden Sie die Zwiebel in feine Würfel und schmelzen Sie die Butter in einer Pfanne. Die Zwiebeln darin glasig dünsten.
3. Dann die Brennnesselblätter zu den Zwiebeln geben und ca. 2-5 Minuten kochen, bis die Blätter zusammengefallen sind. Mit der Brühe aufgießen und weitere 5 Minuten köcheln lassen.
4. Geben Sie die Kokosmilch zur Suppe und pürieren das alles mit einem Stabmixer zu einer cremigen Suppe. Mit Salz, Pfeffer und Muskatnuss abschmecken. Servieren Sie die Suppe heiß.

Mangold-Suppe

Vorbereitungszeit:	Kochzeit/Herstellung:	Portionen:
10 Minuten	25 Minuten	2

Zutaten:

- 1 rote Zwiebel
- 2 Knoblauchzehen

- 2 mittelgroße Süßkartoffeln(oder Kartoffeln)
- 1 rote Paprika
- 1 großer Mangold
- 1 Prise Salz
- 1 Prise Pfeffer
- 2 l Rinderbrühe oder Gemüsebrühe
- 2 EL Pinienkerne

Zubereitung:

1. Schälen Sie die Schale der Süßkartoffeln (oder Kartoffeln) und schneiden Sie die Knolle dann in große Würfel. Waschen Sie den Mangold, trennen Sie die Stiele und Blätter und schneiden beides in Streifen.

2. Zwiebel und Knoblauch schälen, fein hacken. Die Paprika in kleine Stücke schneiden.

3. Kokosöl in einem großen Topf erhitzen, Zwiebel, Knoblauch und Süßkartoffeln darin andünsten. Mangoldstiele zu den Zwiebeln, Knoblauch und Süßkartoffeln geben und kurz mitdünsten.

4. Mit der Brühe aufgießen, mit Salz und Pfeffer würzen und ca. 10 Minuten köcheln lassen.

5. Mangoldblätter und Paprika in die Suppe geben und 3-4 Minuten köcheln lassen. Die Pinienkerne in einer Pfanne ohne Fett rösten und als Topping dekorativ auf der fertigen Suppe verteilen. Servieren Sie die Suppe sofort.

Pilz-Eintopf

Vorbereitungszeit:	Kochzeit/Herstellung:	Portionen:
10 Minuten	35 Minuten	2

Zutaten:

- 400 g Champignons
- 400 g Kartoffeln
- 800 ml Gemüsebrühe
- 1 Prise Salz
- 1 Prise Pfeffer
- 150 g Haselnüsse oder 150 g Paranüsse
- 1 Teelöffel Thymian
- 1 Lorbeerblatt
- 2 Esslöffel Olivenöl
- 2 Knoblauchzehe
- 1 rote Zwiebel

Zubereitung:

1. Schälen Sie zunächst die Zwiebel und schneiden Sie das in mäßig feine Würfel. Schälen Sie die Knoblauchzehen und schneiden Sie das in feine Würfel.

2. Putzen Sie die Champignons gut ab, waschen Sie die ggf. und schneiden Sie das in Streifen.

3. Schälen Sie die Kartoffeln und schneiden Sie die Knolle in mundgerechte Würfel. Lassen Sie das Olivenöl in einem hohen Topf heiß werden und schwitzen Sie das geschnittene Gemüse darin an.

4. Geben Sie das Lorbeerblatt und den Thymian mit in den Topf und gießen Sie die Gemüsebrühe dazu.

5. Der Eintopf sollte nun bei mittlerer Hitze ca. 20 Minuten einkochen, bis die Kartoffeln durchgegart sind.

6. In der Zwischenzeit die Haselnüsse grob hacken und in einer Pfanne ohne Fett kurz rösten. Beiseite stellen.

7. Wenn die Kartoffeln gar sind, kann der Eintopf mit Salz und Pfeffer abgeschmeckt werden. Zum Schluss mit den gerösteten Haselnüssen garnieren und sofort servieren.

Grünkohlsuppe

Vorbereitungszeit:	Kochzeit/Herstellung:	Portionen:
10 Minuten	25 Minuten	4

Zutaten:

- 1 rote Zwiebel
- 600 g Grünkohl
- ½ Chinakohl oder Wirsingkohl
- 1 Teelöffel Senf (wahlweise)
- 1 Teelöffel Salz und Pfeffer

- 300 ml Rinderbrühe
- 100 ml Kokosnussmilch
- 2 Esslöffel Olivenöl
- 3 Knoblauchzehe
- 1 Teelöffel Muskatnuss
- 3 Handvoll Mangold

Zubereitung:

1. Entfernen Sie die Schale von Zwiebel und Knoblauch und hacken Sie sie grob.

2. Den Grünkohl abwaschen, trocken schütteln und die Blätter mit einem Messer am Strunk entlang abziehen. Chinakohl oder Wirsing abwaschen und grob schneiden oder alternativ mit den Fingern auseinander zupfen. Danach Mangold abwaschen.

3. Zwiebel und Knoblauch in einem Topf in Olivenöl andünsten. Mangold in den Topf geben und anschwitzen, bis er zusammengefallen ist. Den restlichen Mangold in den Topf geben und mit der Rinderbrühe aufgießen. 15 Minuten köcheln lassen.

4. Pürieren Sie die Suppe mit dem Stabmixer auf die gewünschte Konsistenz und würzen Sie das mit Kokosmilch, Muskatnuss, Salz und Pfeffer. Vor dem Servieren die Suppe mit einem Klecks Senf anrichten und sofort heiß servieren.

Gazpacho

Vorbereitungszeit:	Kochzeit/Herstellung:	Portionen:
10 Minuten	15 Minuten	4

Zutaten:

- 1 Prise Salz
- 2 Esslöffel Apfelessig (falls verträglich)
- 2 Knoblauchzehen
- 1 Handvoll Minze
- 1 Stück Ingwer (4 cm)
- 100 ml Olivenöl
- 3 Gurke
- 2 Hände Mangold

Zubereitung:

1. Waschen Sie den Mangold und die Gurke gründlich und schneiden Sie sie in große Stücke.

2. Schälen Sie den Ingwer und schälen Sie die Knoblauchzehen ab. Dann beides grob hacken.

3. Pürieren Sie alle Zutaten in einem Mixer zu einer cremigen Suppe.

4. Kühlen Sie die Gazpacho bis zum Servieren und beträufeln Sie sie kurz vor dem Servieren mit Olivenöl.

Wirsing-Eintopf

Vorbereitungszeit:	Kochzeit/Herstellung:	Portionen:
15 Minuten	35 Minuten	4

Zutaten:

- 300 g Möhren
- 500 g Wirsingkohl
- 300 g Pastinaken
- 200 ml Kokosnussmilch
- Etwas Essig (falls verträglich)
- 1 Bund Frühlingszwiebeln
- 1 Teelöffel Kokosnussöl
- 2 Stangen Zitronengras
- 1 Prise Salz
- 1 l Gemüsebrühe
- 1 rote Chilishote (falls verträglich)

Zubereitung:

1. Waschen Sie den Kohl und schneiden den in große Stücke oder Streifen oder zupfen den mit den Fingern.

2. Schälen Sie die Haut der Möhren und Pastinaken und schneiden Sie die Möhren und Pastinaken in dünne Stifte, ähnlich wie bei Pommes frites.

3. Die Frühlingszwiebeln und das Zitronengras waschen und in feine Ringe schneiden.

4. Chili der Länge nach durchschneiden und die Kerne entfernen. Kokosnussöl in einem großen Topf erhitzen und die Frühlingszwiebeln darin glasig schwitzen.

5. Honig zu den Frühlingszwiebeln geben und kurz karamellisieren lassen. Den Grünkohl in den Topf geben und ca. 2 Minuten anschwitzen.

6. Möhren, Pastinaken und Zitronengras zum Wirsing geben. Mit Wasser aufgießen, ca. 2 TL Salz einrühren und alles zum Kochen bringen.

7. Bei mittlerer Hitze 15 Minuten kochen. Nach 5 Minuten die Chili-Hälften und die Kokosmilch in die Suppe rühren. Zum Schluss mit Essig und Salz abschmecken und die Suppe dann heiß servieren.

Pastinaken-Creme-Suppe

Vorbereitungszeit:	Kochzeit/Herstellung:	Portionen:
10 Minuten	**15 Minuten**	**2**

Zutaten:

- 500 ml Rinder- oder Gemüsebrühe
- 1 Handvoll Petersilie
- 2 Prisen Salz und Pfeffer
- 1 Apfel
- 150 g Speck
- 1 Lauch
- 6 Pastinaken
- 1 rote Zwiebel

Zubereitung:

1. Schälen Sie die Zwiebel und schneiden die in große Würfel. Die Haut der Pastinaken abziehen und in große Würfel schneiden.

2. Den Lauch waschen, putzen und in Ringe schneiden. Den Apfel vom Kerngehäuse befreien und in große Würfel schneiden.

3. Den Speck in einer Pfanne knusprig braten. Aus dem Topf nehmen und beiseite stellen.

4. Die Zwiebeln im restlichen Speckfett andünsten. Pastinaken und Lauch in die Pfanne geben und zusammen anbraten.

5. Mit der Brühe aufgießen und den Apfel unterrühren. Alles ca. 25 Minuten kochen lassen.

6. Die Suppe mit einem Stabmixer auf die gewünschte Konsistenz pürieren und mit Salz und Pfeffer abschmecken. Mit Petersilie und Speck garniert servieren.

Kartoffelcremesuppe

Vorbereitungszeit:	Kochzeit/Herstellung:	Portionen:
10 Minuten	**45 Minuten**	**2**

Zutaten:

- 5 Eier
- 200 g + 1 Stück Butter
- 200 g Zartbitterschokolade
- 200 g Puderzucker
- 15 g Mehl
- Einige Prisen Chili-Pfeffer

Zubereitung:

1. Schmelzen Sie die in Stücke geschnittene Schokolade bei geringer Hitze mit der Butter. Schalten Sie die Hitze aus, fügen Sie den Zucker, dann die Eier nacheinander, das Mehl und zwei Prisen Chili Pfeffer hinzu.

2. 6 Mini-Cocottes leicht buttern und mit der erhaltenen Mischung füllen. Stellen Sie das für 30 Minuten bis 1 Stunde in den Kühlschrank.

3. Heizen Sie den Ofen auf 180 °C (Th. 6) vor.

4. Backen Sie die Kasserollen ohne Deckel 10 bis 15 Minuten, bis sich eine Kruste auf der Oberseite der Kuchen bildet.

5. Servieren Sie ihn frisch aus dem Ofen mit einer Kugel Vanilleeis oder Pudding.

Kokosnuss-Selleriesuppe

Vorbereitungszeit:	Kochzeit/Herstellung:	Portionen:
10 Minuten	25 Minuten	2

Zutaten:

- 1 Knoblauchzehe
- 1 Staudenselleriewurzel
- 1 Messerspitze Meersalz
- 1 Messerspitze Muskatnuss, gerieben
- 200 ml Kokosnussmilch
- 100 ml Wasser
- 2 Esslöffel Schmalz und Butter
- 1 rote Zwiebel
- 1 Messerspitze Vanille, gemahlen

Zubereitung:

1. Schälen Sie die Schale der Sellerieknolle und hacken Sie den Sellerie grob.
2. Schälen Sie auch die Zwiebel und den Knoblauch und hacken Sie beides.
3. Schmelzen Sie das Fett in einem Topf und schwitzen Sie das Gemüse darin an, bis es ein wenig Farbe angenommen hat.
4. Geben Sie sofort nach dem Anbraten Salz hinzu. Dann die Kokosmilch und das Wasser hinzugeben und aufkochen lassen, bis es weich ist.
5. Zum Schluss die Suppe mit einem Stabmixer auf die gewünschte Konsistenz pürieren und mit den Gewürzen abschmecken.
6. Servieren Sie die Suppe heiß!

Paprikasuppe mit Fleischbällchen

Vorbereitungszeit:	Kochzeit/Herstellung:	Portionen:
10 Minuten	55 Minuten	3

Zutaten:

- 1 Esslöffel Kokosnussöl
- 1 Teelöffel Paprikamark
- 3 rote Paprikaschoten (ca. 600 g)
- 1 Esslöffel Olivenöl
- 1 Knoblauchzehe
- 1 rote Zwiebel
- 2 Teelöffel Senf
- 300 g Rinderhackfleisch (frisch und selbst gehackt)
- 1 Frühlingszwiebel
- 1 Prise Salz und Pfeffer
- 1 Liter Brühe
- ½ rote Chili (falls vertragen)
- 1 Eigelb

Zubereitung:

1. Waschen Sie die Paprika, entfernen Sie die Kerne und Scheidewände und schneiden Sie alles in Würfel. Die Zwiebel und den Knoblauch schälen und grob hacken. Waschen und hacken Sie die Chili ebenfalls.
2. Das Olivenöl in einem Topf heiß werden lassen, Paprika, Zwiebel, Knoblauch und Chili darin anschwitzen. Mit der Gemüsebrühe aufgießen und zugedeckt ca. 15 Minuten kochen lassen. Die Suppe mit einem Stabmixer bis zur gewünschten Konsistenz pürieren und mit Salz und Pfeffer abschmecken.
3. Während die Suppe kocht, bereiten Sie die Fleischbällchen vor. Dazu die Frühlingszwiebeln waschen und fein hacken. Aus Hackfleisch, Frühlingszwiebeln, Eigelb, Senf und Paprikamark einen Fleischteig kneten. Mit Salz und Pfeffer verfeinern. Den Fleischteig zu ca. 12 Kugeln formen. In heißem Kokosöl in einer Pfanne von allen Seiten ca. 5 Minuten braten. Anschließend die Frikadellen in die zuvor pürierte Suppe geben und 10 Minuten ziehen lassen. Anschließend die Suppe heiß genießen.

Spargelsuppe

Vorbereitungszeit:	Kochzeit/Herstellung:	Portionen:
10 Minuten	15 Minuten	1

Zutaten:

- 1 Spritzer Essig (falls verträglich)
- 2 Frühlingszwiebeln (optional)
- 500 ml Wasser / Brühe
- 1 Prise Muskatnuss
- 50 g Butter
- 1 rote Zwiebel
- 1 Prise Salz
- 1 Knoblauchzehe
- 1 Bund weißer Spargel

Zubereitung:

1. Schälen Sie die Haut der Zwiebeln und des Knoblauchs und hacken oder schneiden Sie beides sehr fein Schälen Sie die Haut der Zwiebeln und des Knoblauchs und hacken oder schneiden Sie beides sehr fein.

2. Schmelzen Sie die Butter in einem kleinen Topf und schwitzen Sie die Zwiebel- und Knoblauchstücke darin an, bis sie glasig sind. Etwas Salz hinzugeben.

3. Die holzigen Enden des Spargels abtrennen, die Schale des Spargels entfernen und dann in Stücke schneiden.

4. Den Spargel in den Topf geben und anschwitzen, dann das Ganze mit Wasser oder Brühe aufgießen.

5. Nach 15 Minuten die Suppe mit einem Stabmixer auf die gewünschte Konsistenz pürieren, durch ein Sieb streichen und mit Muskatnuss, Essig und Salz abschmecken. Die Suppe mit Frühlingszwiebeln anrichten und heiß servieren.

Marokkanische Suppe

Vorbereitungszeit:	Kochzeit/Herstellung:	Portionen:
10 Minuten	30 Minuten	4

Zutaten:

- 2 Möhren
- 500 g Süßkartoffeln
- 1 Messerspitze Pfeffer
- 400 ml Brühe
- 100 ml Kokosnussmilch
- 1 rote Zwiebel
- 1 Esslöffel Butter
- ½ Teelöffel Salz
- ½ Teelöffel Chili
- 2 Knoblauchzehen
- Etwas Essig (falls verträglich)
- Frischer Koriander zum Garnieren
- 1 Prise Muskatnuss
- 1 Messerspitze Kreuzkümmel

Zubereitung:

1. Schälen Sie die Schale der Süßkartoffel und der Möhren und schneiden Sie sie in große Stücke.

2. Schneiden Sie die Zwiebel und den Knoblauch in Würfel. Lassen Sie die Butter in einem hohen Topf heiß werden. Zwiebeln, Knoblauch, Süßkartoffeln und Möhren darin ca. 5 Minuten anbraten.

3. Mit der Brühe aufgießen und bei mittlerer Hitze ca. 10 Minuten köcheln lassen.

4. Rühren Sie die Kokosmilch und die Gewürze in die Suppe und lassen Sie sie weitere 5 Minuten kochen.

5. Wenn das Gemüse gar ist, kann die Suppe mit einem Stabmixer auf die gewünschte Konsistenz püriert werden.

6. Servieren Sie die Suppe mit gehacktem Koriander und servieren Sie sie, solange sie noch heiß ist.

Zucchini-Suppe

Vorbereitungszeit:	Kochzeit/Herstellung:	Portionen:
10 Minuten	20 Minuten	2

Zutaten:

- 1 Gemüsezwiebel
- 2 Zucchini
- 500 ml Brühe
- 1 Esslöffel Kokosöl
- 1 Prise Salz & Pfeffer
- Etwas Essig (falls verträglich)
- 1 Knoblauchzehe
- ½ rote Chili (wenn ½ rote Chili (wenn verträglich)
- 1 Pastinake

Zubereitung:

1. Waschen Sie die Zucchini gründlich und schneiden Sie sie in große Stücke.

2. Zwiebel und Knoblauch schälen und beides grob hacken. Waschen Sie die Chili und hacken Sie sie grob.

3. Schälen Sie die Pastinaken und schneiden Sie sie in große Stücke.

4. Das Kokosöl in einem Topf erhitzen und das Gemüse darin ca. 5 Minuten anschwitzen. Mit der Gemüsebrühe aufgießen und 10 Minuten einkochen lassen.

5. Die Suppe mit dem Stabmixer auf die gewünschte Konsistenz pürieren.

6. Mit Essig, Salz und Pfeffer abschmecken und die Suppe heiß servieren.

Kohlrabi-Eintopf

Vorbereitungszeit:	Kochzeit/Herstellung:	Portionen:
10 Minuten	30 Minuten	4

Zutaten:

- 1 Teelöffel Salz
- 1 rote Zwiebel
- 500 ml Brühe
- 5 ganze Pfefferkörner
- 1 Esslöffel Butter
- 3 Wacholderbeeren
- 2 große Kohlrabi
- 2-5 Kartoffeln
- 2 mehlige Möhren
- 1 Bund frische Petersilie
- 2 Möhren
- 2 Lorbeerblätter

Zubereitung:

1. Die Zwiebel schälen und in feine Würfel schneiden. Schälen Sie die Kohlrabi und Möhren und schneiden Sie sie in mundgerechte Stücke.

2. Die Kartoffeln ebenfalls schälen und in einer Schüssel mit einer Küchenreibe grob reiben. Butter in einem großen Topf heiß werden lassen, Zwiebel, Kohlrabi, Möhren, Lorbeerblätter, Wacholderbeeren, Pfefferkörner und Petersilie ca. 2-3 Minuten andünsten.

3. Mit der Brühe aufgießen und die geriebenen Kartoffeln in die Suppe geben. Die Suppe wird durch die mehlig kochenden Kartoffeln gebunden und es wird kein zusätzliches Mehl benötigt. Das Gemüse sollte ebenfalls mit der Brühe bedeckt sein. Bei Bedarf kann noch etwas Wasser zugegeben werden, falls die Brühe zu schnell einkocht.

4. Lassen Sie die Suppe nun bei mittlerer Hitze ca. 20 Minuten zugedeckt aufkochen. Rühren Sie die Suppe von Zeit zu Zeit durch, damit nichts anbrennt. Wenn das Gemüse gar, aber noch leicht bissfest ist, mit Salz abschmecken. Lorbeerblätter und Wacholderbeeren aus der Suppe entfernen, mit frischer Petersilie garnieren und heiß servieren.

SALATE

Tabula-Salat

Vorbereitungszeit:	Kochzeit/Herstellung:	Portionen:
15 Minuten	1 Stunden	3

Zutaten:

- 250 g Bulgur
- 1 Salatgurke
- 500 ml Brühe
- 2 Paprikaschoten
- 5 Esslöffel Olivenöl
- 1 rote Zwiebel
- 1 Bund Minze
- 1 Koriander
- 2 Mohrrüben
- 1 Bund glatte Petersilie

Zubereitung:

1. Die Brühe in einem kleinen Topf erhitzen. Legen Sie den Bulgur in eine Schüssel, gießen Sie die Suppe darauf, decken Sie ihn nach dem Abkühlen ab und backen Sie das Gemüse eine Viertelstunde lang.

2. Gurken, Mohrrüben und Paprika waschen. Die Gurke schälen, entkernen und in kleine Würfel schneiden. Entfernen Sie die Mohrrüben von den Stielen und schneiden Sie sie in fein gewürfelte Stücke. Den Pfeffer entkernen und in feine Würfel schneiden.

3. Koriander und Minze waschen und in dünne Streifen schneiden. Zwiebel schälen und fein hacken. Mit Olivenöl Gemüse, Kräuter und Zwiebeln zu Bulgur falten.

4. Lassen Sie es vor dem Abkühlen im Kühlschrank etwas abkühlen und machen Sie es dann steil.

Kürbiskern-Brokkoli Salat

Vorbereitungszeit:	Kochzeit/Herstellung:	Portionen:
10 Minuten	25 Minuten	3

Zutaten:

- 500 g Brokkoli
- 2 Äpfel
- 50 g Kürbiskerne
- 1 süße Paprika
- 2 Esslöffel Saft
- 2 Esslöffel Zucker
- 1 Prise Pfeffer
- 1 Teelöffel Salz
- 1 Verjus
- 2 Esslöffel Olivenöl

Zubereitung:

1. Äpfel und Paprika waschen, entkernen und würfeln. Brokkoli waschen, Röschen abtrennen und fein würfeln.

2. Der Strunk ist roh ungeeignet, kann aber z. B. für eine Gemüsesuppe verwendet werden.

3. Mischen Sie das Olivenöl mit Verjus, Zucker, Salz und etwas Pfeffer zu einer Salatsoße.

4. Geben Sie das Gemüse und die Kürbiskerne in eine Schüssel und vermischen Sie sie gut.

5. Zugedeckt eine Viertelstunde im Kühlschrank ruhen lassen und servieren.

Pikanter Hähnchensalat

Vorbereitungszeit:	Kochzeit/Herstellung:	Portionen:
5 Minuten	20 Minuten	1

Zutaten:

- 3 Eier
- 150 g geriebener Käse
- 1 Prise Zucker
- 6 Zweige frischer Thymian
- 1 Prise Muskatnusspulver
- 1 Prise Salz und gemahlener Pfeffer

Zubereitung:

1. Verquirlen Sie zunächst die Eier miteinander. Dann rühren Sie etwas Salz, Milch, Mehl und Zucker ein. Erhitzen Sie das Öl in einer Pfanne und braten Sie den Teig portionsweise auf beiden Seiten.
2. Servieren Sie die Pfannkuchen mit einer histaminarmen Frucht.

Spargel-Paprika-Salat

Vorbereitungszeit:	Kochzeit/Herstellung:	Portionen:
10 Minuten	35 Minuten	2

Zutaten:

- 100 g saure Sahne
- 1 Esslöffel Traubensaft
- 100 g Salatgurke
- 1 gelbe Paprika
- 125 g Mozzarella
- 1 Dill
- 1 Prise Salz
- 200 g grüner Spargel
- 1 Petersilie

Zubereitung:

1. Waschen Sie den Spargel und schneiden Sie die holzigen Enden ab. Schneiden Sie den Spargel in kleine Stücke.
2. Salzwasser zum Kochen bringen und den Spargel darin 10-15 Minuten kochen. Die Paprika entkernen, waschen und in Würfel schneiden.
3. Die Gurke waschen und in Würfel schneiden. Die Sahne mit dem Traubensaft und etwas Salz abschmecken.
4. Die Petersilie und den Dill waschen und hacken. Den fertigen Spargel mit der Paprika, der Sahne und der Gurke mischen.
5. Mozzarella würfeln und mit Paprika, Sahne und Gurke mischen.
6. Schneiden Sie den Mozzarella und mischen Sie ihn mit den Kräutern unter den Salat.

Gebackener Gemüsesalat

Vorbereitungszeit:	Kochzeit/Herstellung:	Portionen:
10 Minuten	50 Minuten	2

Zutaten:

- 1 Knoblauchzehe
- 1 Zwiebel
- 50 g Mozzarella
- 1 Zucchini
- 1 Rosmarin
- 1 gelbe Paprika
- 1 Basilikum
- Etwas Öl
- 1 rote Paprika
- 1 Prise Salz

Zubereitung:

1. Zunächst den Backofen auf 200 ° C Ober-/Unterhitze vorheizen. Die Paprikaschoten entkernen, waschen und in Streifen schneiden.

2. Die Zucchini waschen und in kleine Stücke schneiden. Die Zwiebel schälen und würfeln.

3. Das Gemüse auf einem mit Backpapier ausgelegten Backblech verteilen. Schälen Sie den Knoblauch und hacken Sie ihn.

4. Mischen Sie den Knoblauch mit Olivenöl und etwas Salz. Die Mischung über das Gemüse gießen und 10-15 Minuten im Ofen garen. Lassen Sie das Gemüse dann abkühlen.

5. Schneiden Sie den Mozzarella in Scheiben. Waschen und hacken Sie das Basilikum und den Rosmarin.

6. Richten Sie das Gemüse an und garnieren Sie es mit dem Mozzarella und den Kräutern.

Hähnchensalat

Vorbereitungszeit:	**Kochzeit/Herstellung:**	**Portionen:**
5 Minuten	**20 Minuten**	**1**

Zutaten:

- 1 Prise Salz
- 1 Teelöffel Cayennepfeffer
- 1 Esslöffel Öl
- 250 g Hähnchenbrustfilet
- 100 g Joghurt
- 125 g Frischkäse

Zubereitung:

1. Das Hähnchenfilet in einer Pfanne mit Öl anbraten.

2. Aus der Pfanne nehmen und abkühlen lassen.

3. Joghurt und Frischkäse miteinander verrühren.

4. Mit Cayennepfeffer und Salz würzen.

5. Das Hähnchenfilet in Scheiben schneiden, zur Frischkäse-Joghurt-Mischung geben und gut vermischen.

Aprikosen-Melonen-Salat

Vorbereitungszeit:	**Kochzeit/Herstellung:**	**Portionen:**
10 Minuten	**35 Minuten**	**6**

Zutaten:

- 10 Aprikosen
- 1 Honigmelone (Honigtau)
- 8 Lavendelährenblüten

Zubereitung:

1. Die Melone entkernen und aus dem Fruchtfleisch Kugeln ausstechen.

2. Die Aprikosen waschen, entkernen und würfeln.

3. Alle Zutaten miteinander vermischen und den Salat servieren.

Feiner Hirtensalat

Vorbereitungszeit:	**Kochzeit/Herstellung:**	**Portionen:**
10 Minuten	**15 Minuten**	**2**

Zutaten:

- 1 Esslöffel Olivenöl
- 3 Stück Kopfsalat-Herzen
- ½ Teelöffel Salz
- ½ Teelöffel Kurkuma
- 140 g Hirtenkäse
- ½ Teelöffel Pfeffer (aus der Mühle)
- 1 rote Spitzpaprika

Zubereitung:

1. Schneiden Sie den Hirtenkäse in sehr kleine Würfel oder zerbröseln Sie ihn mit den Händen. Für die Paprikasauce:

2. Die Paprika entkernen, klein schneiden und mit einer Prise Salz zu einem glatten Püree pürieren. Mit frisch gemahlenem Pfeffer würzen. Lassen Sie das Öl in einer Pfanne heiß werden. Die Salatherzen der Länge nach einschneiden und in die heiße Pfanne geben, von beiden Seiten mit Salz, frisch gemahlenem Pfeffer und Kurkuma würzen und kurz anbraten.

3. Zum Schluss das Paprikapüree auf den Salatherzen verteilen und mit den Hirtenkäsewürfeln bestreuen.

Histaminfreier Kartoffelsalat

Vorbereitungszeit:	Kochzeit/Herstellung:	Portionen:
10 Minuten	40 Minuten	3

Zutaten:

- 1 Bund Schnittlauch
- 500 g Kartoffeln

Zutaten für das Dressing:

- 50 ml Wasser
- 1 Teelöffel Leinsamenöl
- 2 Messerspitzen Pfeffer
- 1 ½ Teelöffel Paprikapulver (edelsüß)
- 1 Teelöffel Salz
- 200 g saure Sahne

Zubereitung:

1. Kochen Sie die Kartoffeln in einem Topf mit einem Dämpfeinsatz, bis sie gar sind. Lassen Sie die gekochten Kartoffeln dann etwas abkühlen, pellen Sie die Schale ab und schneiden Sie die Knollen in Scheiben.

2. In der Zwischenzeit die saure Sahne mit Salz, Pfeffer, Paprikapulver und Leinöl in einer Schüssel zu einem glatten Dressing verrühren. Wenn nötig, verdünnen Sie es am Ende mit Wasser. Mischen Sie dieses Dressing mit den in Scheiben geschnittenen Kartoffeln. Anschließend den gewaschenen Schnittlauch fein hacken, ¾ davon zum Kartoffelsalat geben und gut durchrühren.

3. Zum Garnieren den restlichen Schnittlauch über den Salat streuen und bis zum Servieren in den Kühlschrank stellen.

Süßkartoffelsalat

Vorbereitungszeit:	Kochzeit/Herstellung:	Portionen:
10 Minuten	40 Minuten	2

Zutaten:

- 2 Esslöffel Olivenöl
- 2 Süßkartoffeln
- ½ Teelöffel gemahlener Kreuzkümmel
- ½ Teelöffel Chili
- ½ Teelöffel Salz
- ½ Knoblauchpulver
- 100 g Apfelstücke
- 3 Stängel frische Minze

Für das Dressing:

- 1 Teelöffel Senf
- 1 Prise Pfeffer
- 1 Esslöffel Honig
- 4 Esslöffel Olivenöl
- 2 Esslöffel Apfelessig (falls vertragen)
- ½ Teelöffel Salz

Zubereitung:

1. Heizen Sie den Backofen auf 200 Grad Umluft vor. Schälen Sie die Süßkartoffeln und schneiden Sie sie in große Stücke. Zusammen mit dem Olivenöl, Salz, Knoblauch, Chili und Kreuzkümmel in einer Schüssel vermengen. Auf ein mit Backpapier ausgelegtes Backblech legen und ca. 20 Minuten backen. In der Zwischenzeit den Kopfsalat waschen, trocken tupfen und in mundgerechte Stücke zupfen. Die Minze waschen, trocken tupfen und grob hacken. Mit dem Salat in eine Schüssel geben.

2. Für das Dressing einfach alle Zutaten miteinander verquirlen und über den Salat gießen. Wenn die Süßkartoffeln fertig sind, nehmen Sie das Backblech aus dem Ofen und lassen Sie sie noch einige Minuten abkühlen, bevor Sie sie zum Salat geben. Servieren Sie den Salat warm.

Lauch Salat

Vorbereitungszeit: 10 Minuten
Kochzeit/Herstellung: 15 Minuten
Portionen: 2

Zutaten:

- 2 Äpfel, sauer
- 2 Lauchstangen

Für das Dressing:

- 3 Esslöffel Apfelessig
- 3 Esslöffel Olivenöl

Etwas Essig (falls verträglich):

- ½ Teelöffel Salz
- 1 Prise Pfeffer
- 1 Esslöffel Senf
- 1 Esslöffel Honig

Zubereitung:

1. Waschen und putzen Sie die Porree-Stangen gründlich. Dann die Stangen in feine Ringe schneiden oder mit einem Küchenhobel zerkleinern.

2. Schälen Sie die Schale von den Äpfeln und reiben Sie den Apfel fein. Rühren Sie nun das Dressing an. Einfach alle Zutaten miteinander verquirlen und über den Salat gießen.

3. Mischen Sie alles gut und gründlich und lassen Sie es ein wenig durchziehen.

Brokkoli-Salat

Vorbereitungszeit: 10 Minuten
Kochzeit/Herstellung: 15 Minuten
Portionen: 2

Zutaten:

- 1 Apfel
- 2 Frühlingszwiebeln
- 1 Brokkoli
- 1 Paprika
- 1 Handvoll Mandeln oder Vollwertige Nüsse Ihrer Wahl

Für das Dressing:

- 1 Esslöffel Ahornsirup
- 1 Prise Salz, Pfeffer
- 3 Esslöffel Apfelessig(falls verträglich)
- 2 Esslöffel Olivenöl

Zubereitung:

1. Brokkoli waschen und in Röschen schneiden. Entweder in den Mixer oder mit der Hand grob zerkleinern.

2. Die Paprika und den Apfel ebenfalls in kleine mundgerechte Stücke schneiden.

3. Schneiden Sie die Frühlingszwiebel in feine Ringe und hacken Sie die Nüsse grob.

4. Für das Dressing alle Zutaten miteinander verquirlen und gründlich mit dem Salat vermischen.

5. Lassen Sie den Salat vor dem Verzehr eine Weile durchziehen, damit er seine Aromen entfalten kann.

Mangold-Salat

Vorbereitungszeit: 5 Minuten | **Kochzeit/Herstellung:** 10 Minuten | **Portionen:** 2

Zutaten:

- 80 g vollwertige Nüsse
- 2 Handvoll Mangold
- 1 Apfel, sauer

Für das Dressing:

- ½ Teelöffel Salz
- 1 Prise Pfeffer
- 1 Knoblauchzehe, gepresst
- 1 Esslöffel Honig
- 50 ml Olivenöl
- Etwas Essig (falls verträglich)

Zubereitung:

1. Waschen Sie den Mangold und schleudern Sie ihn in einer Salatschleuder, bis er trocken ist. Dann in feine Streifen schneiden.

2. Waschen und schälen Sie den Apfel ebenfalls, entfernen Sie das Kerngehäuse und schneiden Sie ihn in Streifen. Die Nüsse etwas hacken und in einer beschichteten Pfanne ca. 2-3 Minuten ohne Fett rösten.

3. Für das Dressing alle Zutaten miteinander verquirlen.

4. Das Dressing mit den Mangold- und Apfelstücken gut vermischen und bis zum Servieren durchziehen lassen. Kurz vor dem Verzehr die Nüsse darüber streuen.

Karotten-Wakame-Salat

Vorbereitungszeit: 10 Minuten | **Kochzeit/Herstellung:** 25 Minuten | **Portionen:** 2

Zutaten:

- 1 rote Zwiebel
- 6 Karotten
- 1 Handvoll Wakame (Seetang-Salat)
- 1 Prise Salz, Pfeffer
- 1 Koriander
- 1 Esslöffel Olivenöl

Zubereitung:

1. Lassen Sie die Wakame 10 Minuten lang in Wasser einweichen. Dadurch verdreifacht sich sein Volumen. Gießen Sie dann den Wakame ab und waschen Sie ihn nochmals gründlich ab.

2. Schälen Sie die Haut der Karotten und raspeln Sie sie mit einem Gemüsehobel oder einer Mixer fein.

3. Schälen Sie die Schalotte und schneiden Sie sie in feine Würfel.

4. Das Olivenöl in einer Pfanne heiß werden lassen. Schalotte darin glasig anschwitzen, dann geraspelte Karotten zugeben. Etwa 5 Minuten dünsten, dann Wakame zu den Karotten geben. Mit Salz und Pfeffer abschmecken.

5. Frischen Koriander über den Wakame-Salat streuen und sofort servieren.

Blumenkohl-Reis-Salat

Vorbereitungszeit:	Kochzeit/Herstellung:	Portionen:
10 Minuten	15 Minuten	2

Zutaten:

- 1 gelbe Paprika
- ½ Blumenkohl
- ½ Salatgurke
- 2 Möhren
- 1 rote Zwiebel
- 5 Radieschen
- Etwas Essig (falls verträglich)
- 5 Esslöffel natives Olivenöl
- 1 Prise Salz und Pfeffer
- 1 Esslöffel Kokusnussöl

Zubereitung:

1. Hacken Sie den gewaschenen Blumenkohl in den Mixer, aber achten Sie darauf, dass er nicht zu fein wird.

2. Alternativ reiben Sie ihn mit der Hand und einer Küchenreibe fein, so dass eine Struktur entsteht, die an Reis erinnert.

3. Schälen Sie die Zwiebel und hacken Sie sie sehr fein.

4. Die Zwiebeln in einer Pfanne in Kokosöl glasig anschwitzen, dann den Blumenkohl in die Pfanne geben und ca. 5 Minuten garen.

5. Waschen und putzen Sie das restliche Gemüse und schneiden Sie es in Würfel.

6. Mischen Sie alles in einer Schüssel. Olivenöl und Essig darüber gießen und abschmecken. Mit Salz und Pfeffer abschmecken. Servieren Sie den Salat sofort.

Herzhafter Steckrübensalat

Vorbereitungszeit:	Kochzeit/Herstellung:	Portionen:
10 Minuten	40 Minuten	2

Zutaten:

- 1 Prise Salz, Pfeffer
- 150 g Speck
- Etwas Essig (falls verträglich)
- 1 Steckrübe
- 2 Esslöffel Mandelbutter
- 4 Frühlingszwiebeln

Zubereitung:

1. Schälen Sie die Haut der Steckrübe großzügig und schneiden Sie die Steckrübe in feine, gabelförmige Scheiben. Das geht ganz einfach mit einem Mixer oder einem Gemüsehobel. Kochen Sie die Rüben in wenig Wasser ca. 10 Minuten.

2. Lassen Sie die Rüben durch ein Sieb abtropfen und fangen Sie das Kochwasser in einem Gefäß auf.

3. Lassen Sie die Rüben im Sieb abkühlen.

4. Mandelbutter mit Essig, Salz und Pfeffer verrühren und mit ca. 2 Esslöffeln Kochwasser zu einer glatten Sauce rühren. Verwenden Sie dazu am besten den Schneebesen.

5. Die Rüben und die Sauce gut miteinander vermengen. Die Frühlingszwiebeln in feine Ringe schneiden und zum Salat geben.

6. Braten Sie den Speck in einer Pfanne knusprig und mischen Sie ihn unter den Salat. Servieren Sie den Salat sofort.

Wildkräuter Salat

Vorbereitungszeit:	Kochzeit/Herstellung:	Portionen:
10 Minuten	10 Minuten	2

Zutaten:

- 1 Handvoll Rotkohl
- 1 Frühlingszwiebel
- 1 Prise Salz und Pfeffer
- 4 reife Pflaumen
- 2 Handvoll Wildkräuter (Frauenmantel, Quendel, Vogelmiere, Klee, Holunder, Spitzwegerich, Brennessel, Labkraut, Kapuzinerkresse, Löwenzahn, Blutampfer)

Für das Dressing:

- 50 g Heidelbeeren
- 1 Esslöffel Honig
- 3 Esslöffel Olivenöl
- 2 Esslöffel Essig (falls verträglich)

Zubereitung:

1. Die gesammelten Wildkräuter gut waschen und in einer Salatschleuder trocken schleudern. Dann mit einem großen Messer grob hacken.

2. Waschen Sie die Pflaumen, entfernen Sie den Stein und schneiden Sie die Pflaumen in acht Teile. Schneiden Sie den Rotkohl und die Frühlingszwiebel in feine Streifen.

3. Alle Zutaten in einer Salatschüssel sammeln.

4. Für das Dressing alle Zutaten in einem Standmixer zu einer cremigen Sauce verquirlen und je nach gewünschter Konsistenz etwas Wasser zugeben.

5. Mit Salz und Pfeffer abschmecken. Den Salat erst kurz vor dem Servieren mit dem Dressing mischen und sofort servieren, damit er nicht zusammenfällt.

Brokkoli und Karottensalat

Vorbereitungszeit:	Kochzeit/Herstellung:	Portionen:
10 Minuten	25 Minuten	2

Zutaten:

- 5 Möhren
- 1 Brokkoli
- ½ Eisbergsalat
- 1 Prise Salz, Pfeffer
- 1 Knoblauchzehe
- 3 Esslöffel Sesamsamen
- 2 Esslöffel Apfelessig (falls verträglich)
- 3 Esslöffel Olivenöl
- 1 Teelöffel Senf
- 1 Teelöffel Thymian

Zubereitung:

1. Brokkoli in kleine Röschen schneiden und in Salzwasser bissfest kochen.

2. Die Haut der Möhren schälen und in der Mixer (alternativ mit der Küchenreibe) raspeln.

3. Den Eisbergsalat in mundgerechte Streifen schneiden. Salat, Brokkoli und Möhren in einer Schüssel mischen.

4. Den Knoblauch aus der Schale nehmen und pressen.

5. Verquirlen Sie ein Dressing aus Knoblauch, Senf, Öl, Apfelessig, Thymian, Salz und Pfeffer.

6. Gießen Sie das Dressing und die Sesamsamen kurz vor dem Servieren über den Salat.

Feiner Kohlrabisalat

Vorbereitungszeit:	Kochzeit/Herstellung:	Portionen:
10 Minuten	25 Minuten	2

Zutaten:

- 2 Möhren
- 1 Kohlrabi
- 1 Rote Beete
- 2 Einmachgläser
- 1 Prise Salz, Pfeffer
- 5 Esslöffel Olivenöl
- 3 Esslöffel Apfelessig (falls vertragen)
- 70 g bekömmliche Beeren (frisch oder gefroren)
- 2 Handvoll Feldsalat

Zubereitung:

1. Schälen Sie die Schale des Gemüses und schneiden Sie das Gemüse in kleine Stücke (oder reiben Sie es mit der Mixer).

2. Das Gemüse schichtweise in die Gläser schichten. Für das Dressing mischen: Verquirlen Sie die Beeren, das Öl, den Apfelessig, Salz und Pfeffer mit einem Stabmixer zu einer Sauce.

3. Geben Sie die Sauce in den Mason-Jar-Einsatz und schrauben Sie das Glas fest. Sie können die Sauce natürlich auch in einem extra Gefäß mitnehmen. Bewahren Sie den Salat bis zum Verzehr an einem kühlen Ort auf.

4. Gießen Sie das Dressing vor dem Verzehr über den Salat, schrauben Sie das Glas fest und schütteln Sie es einmal gut durch.

Rosenkohlsalat

Vorbereitungszeit:	Kochzeit/Herstellung:	Portionen:
10 Minuten	20 Minuten	2

Zutaten:

- 1 Apfel
- 500 g Rosenkohl
- 1 Prise Salz und Pfeffer
- 4 Esslöffel Apfelsaft (falls verträglich)
- 1 Teelöffel Essig (falls verträglich)
- 1 Handvoll Kokoschips
- 4 Esslöffel Olivenöl

Zubereitung:

1. Rosenkohl waschen. Schneiden Sie die Enden ab und entfernen Sie ggf. die äußeren Blätter.

2. Den Rosenkohl in der Mixer fein raspeln. Alternativ mit einem Messer in Scheiben schneiden.

3. Entfernen Sie das Kerngehäuse des Apfels und schneiden Sie den Apfel in kleine Würfel. Die Kokoschips in einer Pfanne ohne Fett rösten und anschließend beiseite stellen.

4. Braten Sie den Rosenkohl in Olivenöl von allen Seiten ca. 5 Minuten an. Den Apfel in die Pfanne geben und nochmals kurz anbraten.

5. Apfelsaft, Essig und Olivenöl zu einem Dressing verquirlen.

Warmer Pastinakensalat

Vorbereitungszeit: 10 Minuten | **Kochzeit/Herstellung:** 35 Minuten | **Portionen:** 2

Zutaten:

- 250 g Esskastanien (vorgekocht)
- 400 g Pastinaken
- 1 Frühlingszwiebel
- 2 Handvoll frischer Mangold
- 2 Esslöffel Rosmarin gehackt
- 2 Esslöffel Olivenöl

Für das Dressing:

- 2 Esslöffel Apfelessig (falls verträglich)
- 1 Teelöffel Honig
- 1 Messerspitze Pfeffer
- 1 Prise Salz
- 4 Esslöffel Apfelsaft (falls verträglich)
- 2 Esslöffel Olivenöl

Zubereitung:

1. Heizen Sie den Backofen auf eine Temperatur von 200 Grad vor. Schälen Sie die Haut der Pastinaken und würfeln Sie die Pastinaken. Mit Olivenöl und gehacktem Rosmarin mischen und mit etwas Salz und Pfeffer würzen.

2. Schneiden Sie die vorgekochten Maronen ebenfalls in Würfel und vermischen Sie sie mit dem Olivenöl und dem Rosmarin. Verteilen Sie die Pastinaken auf einem Backblech und backen Sie sie für 20 Minuten. Nach der Hälfte der Backzeit die Kastanien zu den Pastinaken in den Ofen geben.

3. Während die Pastinaken und Kastanien im Ofen backen, den Mangold waschen und auf Tellern verteilen. Schneiden Sie die Frühlingszwiebel in feine Ringe und streuen Sie sie über den Mangold.

4. Das Dressing anrühren und über den Salat gießen. Zum Schluss die gerösteten Pastinaken und Maronen über den Salat streuen und den Salat warm servieren.

Pak Choi Salat

Vorbereitungszeit: 10 Minuten | **Kochzeit/Herstellung:** 15 Minuten | **Portionen:** 2

Zutaten:

- 1 Handvoll grüner Salat
- 2 Pak Choi
- 1 Stange Staudensellerie
- 100 g Haselnüsse oder andere vollwertige Nüsse
- 1 Handvoll frische Kräuter (Basilikum, Petersilie, Minze)
- 2 Frühlingszwiebeln

Für das Dressing:

- 1 Prise Pfeffer
- 1 Messerspitze Salz
- 1 Teelöffel Senf
- ½ Teelöffel Essig (falls verträglich)
- 1 Teelöffel Honig
- 4 Esslöffel Olivenöl

Zubereitung:

1. Für das Dressing alle Zutaten miteinander verquirlen, abschmecken und ggf. nachwürzen.

2. Für den Salat waschen Sie den Pak Choi und den grünen Salat gründlich und schneiden oder zupfen ihn in mundgerechte Stücke.

3. Den Staudensellerie gründlich waschen, putzen und in mundgerechte Stücke schneiden.

4. Die Frühlingszwiebeln gründlich waschen und in feine Ringe schneiden. Die Kräuter waschen, trocken klopfen und grob hacken.

5. Mischen Sie das Salatgemüse mit dem Dressing und streuen Sie die Haselnüsse ganz oder gehackt als knackiges Topping über den Salat. Servieren Sie den Salat sofort!

Kohlrabi-Salat

Vorbereitungszeit: 10 Minuten

Kochzeit/Herstellung: 10 Minuten

Portionen: 2

Zutaten:

- 1 großer säuerlicher Apfel
- Ein paar Minzblätter
- 2 Kohlrabi-Salat

Für das Dressing:

- 1 Prise Pfeffer
- ½ Teelöffel Salz
- 1 Teelöffel Senf
- 1 Teelöffel Honig
- 2 Esslöffel Olivenöl
- Etwas Essig (falls verträglich)

Zubereitung:

1. Entfernen Sie die Schale vom Kohlrabi. Schälen Sie die Schale des Apfels und raspeln Sie den Kohlrabi und den Apfel grob oder schneiden Sie ihn in Stücke Ihrer Wahl.

2. Die Minzblätter waschen, trocken schütteln und fein hacken.

3. Für das Dressing alle Zutaten gut miteinander verquirlen.

4. Alles miteinander vermengen, vor dem Servieren etwas ziehen lassen und den Salat genießen.

Karottensalat mit Mandelblättchen

Vorbereitungszeit: 10 Minuten

Kochzeit/Herstellung: 25 Minuten

Portionen: 4

Zutaten:

- 1 grüner Apfel
- 6 Möhren
- Etwas Essig (falls verträglich)
- 1 Prise Salz, Pfeffer
- 50 g Mandeln
- 6 Esslöffel Kokosnussmilch

Zubereitung:

1. Schälen Sie die Schale der Möhren und schneiden Sie sie in große Stücke oder raspeln Sie sie grob.

2. Den Apfel gründlich waschen, vierteln und das Kerngehäuse herausschneiden.

3. Möhren und Mandeln in der Mixer grob schälen. Den Apfel ebenso grob raspeln. Wenn eine Mixer dafür nicht in Frage kommt, kann eine Gemüsereibe genauso gut verwendet werden. Es dauert nur etwas länger.

4. Mischen Sie die Karottenmischung mit der Kokosmilch. Mit Salz und Pfeffer würzen. Die Karottenmischung mit der Kokosmilch verrühren.

5. Mit Salz und Pfeffer abschmecken. Servieren Sie den Salat in einer Schüssel oder auf Tellern und genießen Sie ihn sofort.

Frühlingssalat

Vorbereitungszeit: 5 Minuten | **Kochzeit/Herstellung:** 25 Minuten | **Portionen:** 2

Zutaten:

- 3 Esslöffel Kokosnussöl
- 1 Prise Meersalz
- 300 g Wildlachsfilet
- 5 Frühlingszwiebeln
- Etwas Essig (falls verträglich)
- 3 Steckrüben
- 1 Knoblauchzehe
- 1 Boskop-Apfel
- 2 rohe Rote Beete

Zubereitung:

1. Waschen, putzen und ggf. schälen Sie zunächst das Gemüse und Obst. Dann raspeln Sie das Obst und Gemüse, die Rote Bete und den Apfel können Sie mit der Schale verwenden, wenn beide in Bio-Qualität gekauft wurden.

2. Nun alles in einer Schüssel sammeln und mit dem Essig und Salz abschmecken. Noch besser schmeckt der Salat, wenn Sie ihn einen Tag lang im Kühlschrank durchziehen lassen.

3. Am besten geht das in einem Aufsteckglas oder alternativ in einer verschließbaren Dose, er kann aber auch frisch serviert werden.

4. Für den Lachs zerdrücken Sie die Knoblauchzehe mit dem Messerrücken und lassen sie mit dem Kokosöl langsam erwärmen.

5. Bringen Sie die Mischung auf mittlere Hitze, schneiden Sie den Lachs in große Würfel und geben Sie ihn dann in die Pfanne.

6. Der Lachs sollte etwas Farbe bekommen und innen noch leicht rosa sein. Wenn Sie das nicht vertragen, sollten Sie den Lachs komplett durchfrittieren lassen. Beides schmeckt sehr gut.

7. Bereiten Sie den Salat in großen Schüsseln zu und legen Sie den Lachs darauf, garnieren Sie ihn mit Frühlingszwiebelringen und servieren Sie ihn sofort.

BACKEN & DESSERTS

Eiweiß-Flohsamen-Brötchen

Vorbereitungszeit: 10 Minuten | **Kochzeit/Herstellung:** 1 Stunde 20 Minuten | **Portionen:** 6

Zutaten:

- 3 Eiweiß
- 25 g Flohsamenschalen
- 150 g Mandelmehl
- 1 Esslöffel Sonnenblumenkerne
- 2 Teelöffel Weinsteinbackpulver
- 1 Prise Salz
- 250 ml heißes Wasser

Zubereitung:

1. Zunächst das Eiweiß mit ein wenig Salz steif schlagen.

2. Mischen Sie die Flohsamenschalen mit dem Backpulver und dem Mandelmehl.

3. Dann den Eischnee unterheben und verrühren.

4. Das heiße Wasser portionsweise unterrühren. Den Teig zu Brötchen formen und auf ein Backblech streichen.

5. Zum Schluss die Brötchen mit den Sonnenblumenkernen bestreuen und für 45 Minuten bei 170 ° C backen.

Brombeer-Brot

Vorbereitungszeit: 10 Minuten | **Kochzeit/Herstellung:** 1 Stunde 10 Minuten | **Portionen:** 1

Zutaten:

- 170 g Mandelmehl
- 1 Prise Salz
- 50 g getrocknete Kokosnuss
- 3 Eier
- 60 g Chiasamen
- 5 Esslöffel Honig
- 100 g Brombeeren
- 2 Esslöffel Apfelmus
- 100 g Kokosnussöl
- 3 Esslöffel Backpulver

Zubereitung:

1. Mischen Sie zunächst die Eier mit dem Honig und dem Kokosöl.
2. Dann das Backpulver, die Kokosraspeln, etwas Salz sowie das Mandelmehl und die Chiasamen unterrühren.
3. Zum Schluss rühren Sie das Apfelmus unter und heben die Brombeeren unter den Teig. Eine Backform einfetten.
4. Gießen Sie den Teig hinein und backen Sie das Brot 50 Minuten lang bei 170 ° C.
5. Dann decken Sie das Brot mit Alufolie ab und backen es weitere 20 Minuten.

Zimt-Grieß-Happen

Vorbereitungszeit: 10 Minuten | **Kochzeit/Herstellung:** 45 Minuten | **Portionen:** 8

Zutaten:

- 4 große Orangen
- 4 dicke Briochescheiben
- 1 Prise Zimt
- 4 Eier
- 200 ml Milch
- 2 EL Orangenblütenwasser
- 2 Vanilleschoten

Zubereitung:

1. Zunächst die Milch zum Kochen bringen und die Gewürze, den Grieß und die Butter einrühren.
2. Dann unter Rühren kochen. Geben Sie die Masse auf ein Backblech und lassen Sie sie abkühlen.
3. Dann kleine Stücke vom Grieß abschneiden. Verquirlen Sie das Ei und geben Sie die Semmelbrösel auf einen Teller.
4. Wenden Sie die Häppchen erst im Ei und dann in den Semmelbröseln.
5. Erhitzen Sie zum Schluss das Öl in einer Pfanne und braten Sie die Grießhappen auf beiden Seiten.

Kokosnuss-Crêpes

Vorbereitungszeit:	Kochzeit/Herstellung:	Portionen:
10 Minuten	30 Minuten	4

Zutaten:

- 1 Prise Salz
- 1 Prise Vanillezucker
- 2 Eier
- Etwas Butter
- 1-3 Birnen
- 1 Tafel Schokolade nach wahl
- 3 Esslöffel Kokosöl
- 4 EL Pfeilwurzelmehl
- 100 ml Kokosnussmilch
- 1 Esslöffel Kokosnussmehl

Zubereitung:

1. In einer Schüssel die Butter, das Mehl und den Zucker mit den Fingerspitzen zu einem Teig verarbeiten
2. Den Boden und die Seiten von 4 Mini-Cocottes ausbuttern. Schälen Sie die Birnen, würfeln Sie sie und verteilen Sie sie in den Kasserollen.
3. Zerkleinern Sie die Schokolade in kleine Stücke und mischen Sie sie mit den Birnen.
4. Mit Streuselteig bedecken. Heizen Sie den Ofen auf 180 ° C (th. 6) vor.
5. Etwa 30 Minuten backen. Die Oberseite der Streusel sollte knusprig und golden sein. 10 Minuten abkühlen lassen und genießen.

Haselnuss-Karotten-Muffins

Vorbereitungszeit:	Kochzeit/Herstellung:	Portionen:
10 Minuten	1 Stunde	6

Zutaten:

- 1 Esslöffel Olivenöl
- 1 Esslöffel Herbes de Provence
- Ca. 380 g frische Kirschen, entkernt
- 2 Schalotten, gehackt
- 2-5 Möhren
- 1 Backpulver
- 1 Mehl
- 1 Teelöffel Honigsalz nach Geschmack
- 1 Prise Pfeffer nach Geschmack

Zubereitung:

1. Schälen und raspeln Sie die Möhren.
2. Mischen Sie das Backpulver mit dem Mehl.
3. Mischen Sie die restlichen Zutaten in einer separaten Schüssel zusammen.
4. Dann die Mehlmischung unterrühren und einen Teig herstellen.
5. Den Teig in Muffinformen geben und 25 Minuten bei 160 ° C backen.

Jogurt-Frucht-Kuchen

Vorbereitungszeit:	Kochzeit/Herstellung:	Portionen:
10 Minuten	1 Stunde	1

Zutaten:

- 250 g glattes Mehl
- 1 Prise Salz

- Ein wenig Obst
- 190 g Öl
- 3 Eier
- 250 ml Naturjoghurt, laktosefrei
- 1 Pk. Backpulver
- 250 g Zucker
- 250 g griffiges Mehl
- 1 Pk. Vanillezucker

Zubereitung:

1. Heizen Sie den Backofen auf 180 ° C vor. Mischen Sie beide Mehlsorten mit dem Backpulver.
2. Dann den Vanillezucker mit den Eiern, etwas Salz und dem Zucker schaumig schlagen.
3. Rühren Sie den Joghurt unter die Eimasse.
4. Dann die Mehlmischung unterheben und langsam das Öl einrühren.
5. Den Teig auf ein gefettetes Backblech streichen und 30-40 Minuten bei 180 ° C backen.

Buttermilch Zopf

Vorbereitungszeit:	Kochzeit/Herstellung:	Portionen:
10 Minuten	1 Stunde 15 Minuten	3

Zutaten:

- 2 Teelöffel Salz
- 2 Eier
- 800 ml Buttermilch
- 120 g Butter
- 4 Teelöffel Weinsteinbackpulver
- 2 Teelöffel Backpulver
- 1 Natron
- 1,3 kg Dinkelmehl Typ 700
- ½ Teelöffel Kardamom
- 200 g Reissirup

Zubereitung:

1. Heizen Sie zunächst den Backofen auf 180 ° C vor. Trennen Sie die Eier und stellen Sie die Eigelbe beiseite.
2. Mischen Sie 1,2 kg Dinkelmehl mit dem Natron, Backpulver, Salz und Kardamom.
3. Dann die Eigelbe, den Reissirup und die Buttermilch einrühren. Die Butter erhitzen und ebenfalls unterrühren. Daraus einen Teig kneten.
4. Streuen Sie das restliche Mehl auf die Arbeitsfläche und rollen Sie den Teig aus.
5. Den Teig zu zwei Rollen formen und diese zu 3 Zöpfen flechten.
6. Legen Sie diese auf ein Backblech und backen Sie sie für 40 Minuten.

Dinkel-Kürbis-Brötchen

Vorbereitungszeit:	Kochzeit/Herstellung:	Portionen:
10 Minuten	1 Stunde	6

Zutaten:

- Ein wenig Salz
- 2/3 Teelöffel Weinstein Backpulver
- 140 g Joghurt
- 30 g Butter
- 1/3 Esslöffel Kürbiskernöl
- 1 Teelöffel Kürbiskerne
- 200 g Dinkelmehl

Zubereitung:

1. Zunächst den Backofen auf 200 ° C vorheizen.
2. Das Dinkelmehl mit etwas Salz, dem Weinsteinbackpulver und dem Natron vermischen.
3. Dann rühren Sie 40 ml Wasser und den Joghurt ein. Kneten Sie die Mischung zu einem Teig und formen Sie daraus 6 Brötchen.

4. Diese auf einem Backblech ausbreiten und mit etwas Mehl bestreuen.

5. Pinseln Sie die Brötchen mit Öl ein und bestreuen Sie sie mit den Kürbiskernen.

6. Zum Schluss die Brötchen für 20 Minuten backen.

Kartoffel- und Dinkelbrot

Vorbereitungszeit:	Kochzeit/Herstellung:	Portionen:
10 Minuten	1 Stunde	1

Zutaten:

- 680 g Kartoffeln
- 660 g Dinkelmehl
- 4 Teelöffel Meersalz
- 2 Esslöffel Olivenöl
- 1 Pk. Weinstein-Backpulver

Zubereitung:

1. Heizen Sie den Backofen auf 180 ° C vor. Schälen Sie die Kartoffeln und schneiden Sie sie in Stücke.

2. Das Salzwasser zum Kochen bringen und die Kartoffeln darin 20-30 Minuten kochen.

3. Dann die Kartoffeln abgießen und 100 ml Wasser auffangen. Die Kartoffeln zerdrücken und den Brei mit dem Weinsteinbackpulver, den Kartoffeln dem Dinkelmehl und dem Meersalz verkneten.

4. Das Wasser mit dem Öl mischen und unter den Teig rühren. Formen Sie den Teig zu einem Brot und legen Sie es auf ein Backblech.

5. Backen Sie das Brot für 40 Minuten.

Vollkorn-Reisbrot

Vorbereitungszeit:	Kochzeit/Herstellung:	Portionen:
10 Minuten	1 Stunde 15 Minuten	1

Zutaten:

- 2 Pk. Weinstein-Backpulver
- 4 Teelöffel Guarkernmehl
- 2 Teelöffel Salz
- 1 Kartoffelstärke
- 600 g Reisvollkornmehl
- 800 ml Wasser
- 4 Teelöffel Sonnenblumenöl

Zubereitung:

1. Den Backofen auf 220 ° C vorheizen.

2. Das Vollkornreismehl mit Guarkernmehl, Salz, Kartoffelstärke, Weinsteinbackpulver und Sonnenblumenöl mischen. Danach 800 ml Wasser einrühren.

3. Kneten Sie die Mischung zu einem Teig und formen Sie ihn dann zu einem Brot. Legen Sie das Brot auf ein Backblech und backen Sie es für 50 Minuten.

Hafer- und Mandelplätzchen

Vorbereitungszeit:	Kochzeit/Herstellung:	Portionen:
10 Minuten	1 Stunde	1

Zutaten:

- 1 Apfel
- 70 g Zucker
- 60 g Butter
- 50 g Haferflocken
- 100 g Dinkelmehl
- 70 g gemahlene Mandeln

Zubereitung:

1. Den Apfel waschen, schälen, entkernen und raspeln. Haferflocken und Mandeln in einer Pfanne ohne Öl kurz anrösten.
2. Apfelflocken, Haferflocken, Mandeln mit Dinkelmehl, Butter und Zucker zu einem gleichmäßigen Teig vermengen.
3. Ein Backblech mit Backpapier auslegen. Geben Sie jeweils einen Esslöffel des Teigs auf das Backblech.
4. Achten Sie darauf, dass die Abstände weit genug sind, damit die fertigen Plätzchen nicht zusammenkleben.
5. Backen Sie die Plätzchen bei 180 ° C Ober- und Unterhitze etwa zehn bis fünfzehn Minuten lang.
6. Die fertigen Kekse sollten hellbraun und knusprig sein.

Rhabarberkuchen vom Blech

Vorbereitungszeit:	Kochzeit/Herstellung:	Portionen:
10 Minuten	1 Stunde	1

Zutaten:

- 1 Vanilleschote
- 3 Eier
- 50 g gehobelte Mandeln
- 375 ml Buttermilch
- 750 g Rhabarber
- 220 g Zucker (plus 4 Esslöffel)
- 375 g Mehl

Zubereitung:

1. Waschen und schälen Sie den Rhabarber und schneiden Sie ihn in kleine Würfel.
2. In eine Schüssel geben, drei Esslöffel Zucker hinzufügen, umrühren und ziehen lassen, während der Teig zubereitet wird.
3. Die Eier mit Zucker und ausgekratztem Inhalt der Vanilleschote schaumig schlagen. Mit der Buttermilch aufgießen und verrühren.
4. Backpulver und Mehl zu der flüssigen Masse geben und zu einem glatten Teig verkneten.
5. Ein Backblech mit hohem Rand einfetten und den Teig darin ausbreiten.
6. Den Rhabarber auspressen und den Saft auffangen. Auf den Teig legen.
7. Die Mandeln und einen Esslöffel Zucker über den Rhabarber streuen.
8. Bei 180 ° C etwa eine halbe Stunde lang backen.

Marzipan-Torte

Vorbereitungszeit:	Kochzeit/Herstellung:	Portionen:
10 Minuten	1 Stunde 45 Minuten	1

Zutaten:

- 100 g Marzipanrohmasse
- 250 g Margarine
- 2 Esslöffel Rosinen
- 1 Päckchen Weinsteinbackpulver
- 100 g kandierte Kirschen
- 1 Päckchen Vanillezucker
- 200 g Zucker
- Eine handvoll Cranberries
- 500 g Dinkelmehl
- 3 Esslöffel Milch
- 2 Teelöffel Puderzucker
- 3 Eier

Zubereitung:

1. Die Eier mit dem Zucker und dem Vanillezucker sowie der Margarine schaumig rühren.
2. Dann heizen Sie den Backofen auf 160 ° C Ober-/Unterhitze vor.
3. Dann das Mehl mit dem Backpulver mischen. Die Mehlmischung nach und nach zu den Eiern geben.

4. Die Kirschen je nach Größe halbieren oder vierteln. Das Marzipan in Würfel schneiden.

5. Beides zusammen mit den Cranberries und Rosinen zum Teig geben und vermengen.

6. Der Teig sollte aufgehen. Eine Gugelhupfform einfetten und den Teig hineingeben. Backen Sie das Ganze etwa 75 Minuten.

7. Zum Schluss den fertigen Kuchen abkühlen lassen und mit Puderzucker bestreuen.

Schokoladenpralinen mit Kokosnuss

Vorbereitungszeit:	Kochzeit/Herstellung:	Portionen:
10 Minuten	1 Stunden	30

Zutaten:

- 60 g Zucker
- 30 g Butter
- 300 g Kokosnussmilch
- 200 g Kokosnussflocken

Zubereitung:

1. In einem Topf die Milch, die Butter, den Zucker und 100 g der Kokosflocken erhitzen.

2. Bringen Sie die Mischung zum Kochen und kochen Sie sie unter ständigem Rühren 15 Minuten lang zu einem Brei.

3. Dann den Topf vom Herd nehmen und 40 g Kokosflocken einrühren.

4. Sobald alles abgekühlt ist, aus der Masse Kugeln formen.

5. Diese dann in den restlichen Kokosraspeln wälzen.

6. Zum Schluss die Kokosnusspralinen kühl stellen.

Pudding mit Vanille

Vorbereitungszeit:	Kochzeit/Herstellung:	Portionen:
10 Minuten	45 Minuten	2

Zutaten:

- 1 Esslöffel Zucker
- ½ L Milch
- 1 Vanilleschote
- 40 g Speisestärk

Zubereitung:

1. Rühren Sie die Maisstärke mit dem Zucker und 4 Esslöffeln Milch glatt.

2. Dann bringen Sie die restliche Milch in einem Topf mit der halbierten Vanilleschote zum Kochen

3. Dann die Milch vom Herd nehmen und die Vanilleschote entfernen. Rühren Sie die Maisstärkemischung in die noch heiße Milch ein.
4. Lassen Sie das Ganze noch einmal aufkochen.

5. Dabei ständig umrühren.

6. Den Pudding in eine kalt ausgespülte Auflaufform geben und abkühlen lassen.

Eis mit Vanille und Zimt

Vorbereitungszeit:	Kochzeit/Herstellung:	Portionen:
10 Minuten	35 Minuten	2

Zutaten:

- 150 ml Sahne
- 4 Teelöffel Johannisbrotpulver

- 20 g Kokosnuss
- 4 Messerspitzen Zimt
- 200 g Vanilleeis

Zubereitung:

1. Schlagen Sie die Sahne mit einem Mixer steif.
2. In einer Schüssel die 200 g Vanilleeis mit 2 Prisen Zimt, Johannisbrotpulver und der Kokosnussbutter glatt rühren.
3. Füllen Sie die gekühlte Eisschale mit 2 Kugeln Vanilleeis.
4. Dann das Vanille-Zimt-Eis darauf verteilen und mit der Sahne garnieren.
5. Zum Schluss alles mit dem restlichen Zimt bestreuen.

Auflfauf mit Sauerkirschen

Vorbereitungszeit:	Kochzeit/Herstellung:	Portionen:
10 Minuten	**1 Stunde**	**4**

Zutaten:

- 2 Esslöffel Zitronensaft
- 100 g Zucker
- 500 g Magerquark
- 3 Eigelb
- 75 g Dinkelgrieß
- 450 g Sauerkirschen

Zubereitung:

1. Zunächst den Backofen auf 200 ° C Ober-/Unterhitze vorheizen.
2. Die Eigelbe mit dem Zucker cremig rühren. Dann den Grieß, Magerquark und Zitronensaft dazugeben und verrühren. Zum Schluss die Sauerkirschen unterheben und den und Zitronensaft dazugeben und verrühren.
3. Zum Schluss die Sauerkirschen unterheben und die Masse in eine gefettete Auflaufform geben. Das Ganze im Backofen ca. 30 Minuten bei 200 ° C backen.

Zopfkuchen

Vorbereitungszeit:	Kochzeit/Herstellung:	Portionen:
10 Minuten	**1 Stunde**	**1**

Zutaten:

- 650 g Dinkelmehl
- 1 Eigelb
- 100 g Reissirup
- 400 ml Buttermilch
- 60 g geschmolzene Butter
- 1 Teelöffel Salz
- ¼ Teelöffel Kardamom
- 2 Teelöffel Weinstein Backpulver

Zubereitung:

1. Zunächst den Backofen auf 180 ° C Ober-/Unterhitze vorheizen. Mischen Sie alle trockenen Zutaten zusammen.
2. Dann die restlichen Zutaten, aber nur 600 g Mehl, dazugeben und alles verkneten.
3. Geben Sie das restliche Mehl auf eine Arbeitsfläche und kneten Sie den Teig nochmals mit den Händen durch.
4. Es sollte so viel Mehl zugegeben werden, bis der Teig nicht mehr klebt. Dann teilen Sie den Teig in drei gleich große Stücke.
5. Formen Sie diese dann zu gleich großen Rollen. Flechten Sie diese Rollen und drücken Sie die Enden an.
6. Anschließend verquirlen Sie das Ei und bestreichen damit den Zopf.
7. Backen Sie das Ganze im Ofen für 35-40 Minuten.

Histaminarme Rahmwaffeln

Vorbereitungszeit:	Kochzeit/Herstellung:	Portionen:
10 Minuten	50 Minuten	2

Zutaten:

- 50 g gemahlene Hirse
- 375 ml Milch
- 2 Eier
- 100 g Schlagsahne
- ¼ Pck. Weinstein-Backpulver
- 50 g Buchweizenmehl
- 150 g Dinkelmehl
- ½ Teelöffel Salz
- ½ Pk. Vanillezucker

Zubereitung:

1. Das Dinkelmehl mit dem Buchweizenmehl sowie der Hirse und dem Weinsteinbackpulver mischen.
2. Dann die Eier, Milch, Vanille, Zucker, Sahne und Salz hinzufügen.
3. Kneten Sie aus der Masse einen Teig.
4. Ein Waffeleisen einfetten und den Teig portionsweise ausbacken.

Kirschquark

Vorbereitungszeit:	Kochzeit/Herstellung:	Portionen:
10 Minuten	1 Stunde	2

Zutaten:

- 40 g Dinkelgrieß
- 50 g Zucker
- 1 Esslöffel Zitronensaft
- 2 Eier
- 225 g Sauerkirschen
- 250 g Magerquark (5% Fett)

Zubereitung:

1. Zunächst den Backofen auf 200 ° C vorheizen. Die Eier trennen und die Eigelbe mit dem Zucker verrühren.
2. Dann den Grieß, Magerquark und Zitronensaft unterrühren. Anschließend die Sauerkirschen unter den Teig heben.
3. Fetten Sie eine Auflaufform ein und geben Sie den Teig hinein. Backen Sie diesen für 30 Minuten.
4. Lassen Sie den Quark auskühlen und servieren Sie ihn in Schalen.

Dinkelkuchen aus der Tasse

Vorbereitungszeit:	Kochzeit/Herstellung:	Portionen:
10 Minuten	1 Stunde	2

Zutaten:

- 4 goldene Äpfel
- 50 g Butter
- 1 Teelöffel Zimtpulver
- 8 kleine westindische Würstchen
- 1 vorgestrichener reiner Butterblätterteig
- 1 Eigelb
- 1 Agavendicksaft
- 1 Prise Salz und Pfeffer

Zubereitung:

1. Zuerst den Backofen auf 180 ° C vorheizen. Das Dinkelmehl mit dem Weinsteinbackpulver, dem Distelöl, dem Agavendicksaft, der Milch und den Kokosraspeln vermischen.
2. Teilen Sie den Teig auf zwei Tassen auf und geben Sie ihn auf ein Backblech.
3. Dann für 20 Minuten in den Ofen geben.

Bratäpfel

Vorbereitungszeit:	Kochzeit/Herstellung:	Portionen:
10 Minuten	1 Stunde	3

Zutaten:

- 4 Äpfel
- 2 Esslöffel Honig
- 1 Esslöffel Rosinen
- 100 g Macadamia-Nüsse
- 100 g Dinkelvollkornmehl
- 1 Prise Zimt

Zubereitung:

1. Die Äpfel schälen, entkernen und in Scheiben schneiden.
2. Legen Sie die Apfelscheiben in eine Auflaufform.
3. Die Macadamianüsse hacken und mit den restlichen Zutaten zu Streuseln verkneten.
4. Die Streusel über die Äpfel geben und 25 Minuten bei 160 ° C backen.

Ganz feine Pfannkuchen mit Rosinen

Vorbereitungszeit:	Kochzeit/Herstellung:	Portionen:
10 Minuten	35 Minuten	4

Zutaten:

- 4 Eier
- 50 g Rosinen
- 300 ml Reismilch
- 200 g Dinkelvollkornmehl
- Etwas Öl
- 1 Prise Salz

Zubereitung:

1. Die Eier trennen und das Eigelb mit den Rosinen, Mehl, etwas Salz und Milch zu einem Teig verrühren.
2. Erhitzen Sie Öl in einer Pfanne und backen Sie den Teig darin aus.
3. Zum Schluss den fertigen Pfannkuchen in kleine Stücke reißen

Apfel-Quark-Gericht

Vorbereitungszeit:	Kochzeit/Herstellung:	Portionen:
10 Minuten	45 Minuten	4

Zutaten:

- 450 g Magerquark
- 200 ml natürlicher Apfelsaft
- 1 Teelöffel Zimt
- 4 Esslöffel Mohn
- 4 Esslöffel Naturjoghurt
- 3 Äpfel
- 4 Teelöffel flüssiger Honig

Zubereitung:

1. Die Äpfel schälen, entkernen und in Würfel schneiden.
2. Den Apfelsaft mit dem Zimt und den Apfelwürfeln verrühren und 5 Minuten köcheln lassen. Dann lassen Sie die Apfelmischung weitere 5 Minuten abkühlen. Den Joghurt mit dem Mohn, dem Quark und dem Honig verrühren.
3. Servieren Sie den Quark mit der Apfelmischung.

Dattel-Schoko-Kugeln

Vorbereitungszeit:	Kochzeit/Herstellung:	Portionen:
10 Minuten	40 Minuten	6

Zutaten:

- 2 Esslöffel weiße Schokoladenchips
- 45 g ungeschälte Mandeln
- 1 Esslöffel Kürbiskerne
- 5 getrocknete Aprikosen
- 1 Esslöffel Sonnenblumenkerne
- 1 Esslöffel Chiasamen
- 9 Datteln
- ½ Teelöffel Zimt

Zubereitung:

1. Pürieren Sie die Mandeln. Die Aprikosen mit dem Mandelpüree und den Datteln mischen und erneut pürieren.

2. Dann die restlichen Zutaten dazugeben und vermischen. Formen Sie die Masse zu Kugeln und lassen Sie sie im Kühlschrank aushärten.

Quitten-Crumble mit Preiselbeeren

Vorbereitungszeit:	Kochzeit/Herstellung:	Portionen:
10 Minuten	1 Stunde	6

Zutaten:

- 4 Esslöffel Ringelblumengelee
- 3 Esslöffel Rohrzucker
- 760 g Quitten (geschält, ohne Kerngehäuse)
- 180 g Preiselbeeren
- 30g Butter

Ringenblumenblütengelee:

- 1 kg Rohrzucker
- 1 Gelierhilfe 3: 1
- 1 Liter Wasser
- 40 Ringelblumenblüten

Crumble:

- 50 g Haferflocken
- 110 g Butter (sehr kalt)
- 100 g Dinkelmehl Typ 700
- 25 g Kürbiskerne (zerkleinert)
- 25 g Erdmandeln
- 80 g Rohrzucker

Zubereitung:

1. Ringelblumenblüten-Gelee: Schneiden Sie zunächst die Ringelblumenblüten klein und bringen Sie sie mit dem Wasser in einem Topf zum Kochen. Lassen Sie alles 10 Minuten köcheln. Dann lassen Sie es gut 8 Minuten ziehen, gießen es dann durch ein feines Sieb und fangen die Flüssigkeit auf.

2. Nun bringen Sie die Flüssigkeit mit dem Zucker zum Kochen. Dann alles 3 Minuten kochen lassen. Heiß in die zuvor gereinigten und desinfizierten Gläser füllen, fest verschließen und auf den Kopf stellen und 10 Minuten ruhen lassen. Die Quitten schälen, das Kerngehäuse entfernen und in kleine Scheiben schneiden. Die Preiselbeeren aufschneiden, zu den Quitten geben und mit dem Rohrzucker vermischen.

3. Nun die Butter in einer Pfanne heiß werden lassen und die gezuckerten Früchte darin ca. 10 Minuten bei niedriger Temperatur dünsten. Dann das Ringelblumengelee dazugeben, unterrühren, in kleine Auflaufformen füllen und gut auskühlen lassen. Den Backofen mit 180 Grad Ober-/Unterhitze auf Temperatur bringen.

4. Für die Streusel: Dinkelmehl, Haferflocken, Erdmandeln und Kürbiskerne in einer Schüssel gut miteinander vermischen, dann die Butter in Stücke schneiden und zu den trockenen Zutaten geben. Mit den trockenen Zutaten verkneten und zu einem krümeligen Teig verarbeiten.

5. Nun die Obstformen mit diesen Streuseln belegen, auf der mittleren Schiene in den vorgeheizten Backofen schieben und ca. 35 Minuten backen, bis die Streusel eine goldbraune Farbe haben.

Tropischer Kokosnuss-Pudding

Vorbereitungszeit:	Kochzeit/Herstellung:	Portionen:
5 Minuten	15 Minuten	2

Zutaten:

- 70 ml Wasser
- 48 g Kartoffelstärke
- 80 g Rohrzucker
- 400 ml Kokosnussmilch
- 4 Esslöffel Kokosraspeln
- ½ Teelöffel Tonkabohne

Zubereitung:

1. Bringen Sie zunächst die Kokosmilch mit dem Rohrzucker und den Kokosraspeln in einem Topf zum Kochen.

2. Die Kartoffelstärke mit Wasser glatt rühren und mit einem Schneebesen in die leicht kochende Kokosnussmilch einrühren.

3. Weiterrühren, bis die Masse einzudicken beginnt. Vom Herd nehmen, die Tonkabohne einreiben und weitere 1-2 Minuten gründlich rühren.

4. In 2 Schüsseln füllen und auskühlen lassen. Der Pudding kann auch lauwarm serviert werden.

Kaffe-Kekse

Vorbereitungszeit:	Kochzeit/Herstellung:	Portionen:
10 Minuten	50 Minuten	1

Zutaten:

- 150 g (Schokolade nach Wahl)
- 4 Esslöffel Schlagsahne
- 4 Madeleines
- 2 Eier
- 1 Traube
- Handvoll Haferflocken
- Ein wenig Johannisbrot,
- Ein wenig Tonkabohne
- Ein wenig Stevia
- Ein wenig Zucker

Zubereitung:

1. Heizen Sie zunächst den Backofen auf 200 Grad Ober-/Unterhitze und legen Sie ein Backblech mit Backpapier aus.

2. Trennen Sie die Eier (oder verwenden Sie übrig gebliebenes Eiweiß) und schlagen Sie das Eiweiß zu einem steifen Schnee.

3. Nun die Haferflocken, Johannisbrot, Tonkabohne und Stevia oder Zucker vorsichtig unterheben. Mit einem Spritzbeutel kleine Stäbchen aus der Masse spritzen.

4. Im vorgeheizten Backofen 10 Minuten backen, dann auf 180 Grad herunterschalten und weitere 10 Minuten backen.

Hinweis: Carob wird aus der Frucht des Johannisbrotbaums gewonnen und ist eine Alternative zu Kaffee und/oder Kakao, wenn Sie eine Histaminintoleranz haben. Es schmeckt nicht so bitter wie Backkakao. Das Gebäck passt gut zu einem Nachmittagskaffee oder als kleine Leckerei zwischendurch.

Sauerkirsch-Auflauf

Vorbereitungszeit:	Kochzeit/Herstellung:	Portionen:
10 Minuten	45 Minuten	4

Zutaten:

- 500 g Magerquark
- 3 Eigelb
- 2 Esslöffel Zitronensaft
- 100 g Zucker
- 75 g Dinkelgrieß
- 450 g Sauerkirschen (frisch oder gefroren)

Zubereitung:

1. Bringen Sie zunächst den Backofen mit 200 Grad Ober- und Unterhitze auf Temperatur.

2. Mit dem Schneebesen eines Handrührgeräts die Eigelbe mit dem Zucker cremig aufschlagen. Die Masse muss sehr schaumig und hellgelb sein. Nur mit Dinkelgrieß und Magerquark verrühren.

3. Heben Sie nun die Früchte mit einem Schneebesen unter die Masse. Den Teig in eine gefettete Auflaufform oder eine ofenfeste Schüssel geben und bei 200 Grad 30 Minuten backen.

Hinweis: Die Sauerkirschen können auch durch andere, vollwertige Früchte ersetzt werden. Es schmeckt zum Beispiel auch mit Pfirsich sehr gut!

Dinkel-Waffeln

Vorbereitungszeit:	Kochzeit/Herstellung:	Portionen:
10 Minuten	25 Minuten	4

Zutaten:

- 1 Päckchen Vanillezucker
- 100 g Hirse (fein gemahlen)
- 300 g Dinkelmehl (Typ 630)
- 100 g Buchweizenmehl
- ½ Päckchen Weinsteinpulver
- 200 g Schlagsahne
- 750 ml Milch (oder Pflanzenmilch)
- 3 Eier
- 1 Teelöffel Salz

Zubereitung:

1. Bereiten Sie aus den aufgeführten Zutaten einen Teig zu. Lassen Sie den Teig ca. 10 Minuten ruhen und backen Sie anschließend Waffeln daraus im Waffeleisen.

2. Servieren Sie die Waffeln heiß!

3. Wenn Sie keine Schlagsahne mögen, können Sie die Waffeln auch klassisch mit Puderzucker genießen. So oder so, die Waffeln sind zum Sterben schön!

Hinweis: Die Waffeln schmecken fantastisch mit frischem Obst und ein wenig Schlagsahne!

Mohn-Muffins

Vorbereitungszeit:	Kochzeit/Herstellung:	Portionen:
10 Minuten	1 Stunde	9

Zutaten:

- 3 Eier
- 250 g Möhren
- 120 g gemahlener Mohn
- 10 g Kokosnussmehl
- 6 Datteln (falls verträglich)
- 40 g gemahlene Mandeln
- 100 g Kokosnussöl
- 2 Esslöffel Kokosblütenzucker
- 50 g Maniokmehl
- 10 g Pfeilwurzelmehl
- 1 Teelöffel Backpulver

Zubereitung

1. Den Backofen mit 180 Grad Umluft auf Temperatur bringen. Die Schale der Möhren schälen und mit der Mixer oder Küchenreibe fein reiben. Eier trennen und Eiweiß zu steifem Schnee aufschlagen. Datteln in kleine Stücke hacken. Geriebene Karotten, gemahlenen Mohn, Mandeln, Datteln, Maniokmehl, Pfeilwurzelmehl, Kokosmehl und Backpulver miteinander vermischen.

2. Das Kokosöl schmelzen und mit dem Eigelb schaumig rühren. Dann zur Mehlmischung geben und unterheben. Den Eischnee vorsichtig unter den Teig heben und die Masse auf die Muffinförmchen verteilen. Kokosblütenzucker in Prisen über die Muffins streuen. Im Backofen 30 Minuten backen und nach der Stäbchenprobe aus dem Ofen nehmen. Die Muffins können warm oder kalt genossen werden. Sie sind auch zum Einfrieren geeignet. So können die Muffins im Voraus gebacken werden.

Spezial-Kastanienkuchen

Vorbereitungszeit: 15 Minuten | **Kochzeit/Herstellung:** 1 Stunde | **Portionen:** 12

Zutaten:

- 100 g vorgekochte Kastanien
- 2 Äpfel
- 3 Eier
- 100 g Kastanienmehl
- 30 g Kokosblütenzucker
- 1 Teelöffel Backpulver
- 30 g Kokosnussöl
- 1 Prise Zimt
- 1 Messerspitze Muskatnuss
- 50 ml Mandelmilch
- 1 Messerspitze Nelken

Zubereitung:

1. Bringen Sie den Backofen mit 180 Grad Ober-/Unterhitze auf Temperatur. Entfernen Sie das Kerngehäuse der Äpfel und schneiden Sie die Äpfel in Würfel. Die vorgekochten Kastanien ebenfalls in Würfel schneiden.

2. Die Eier trennen. Das Eiweiß mit dem Kokosblütenzucker steif schlagen. Die Eigelbe schaumig schlagen und mit dem geschmolzenen Kokosöl gut verrühren. Mandelmilch unterrühren. Kastanienmehl, Backpulver und Gewürze in die Eigelbmasse einarbeiten. Die gewürfelten Kastanien und die Hälfte der Apfelwürfel unterheben.

3. Dann den Eischnee vorsichtig unter den Teig heben. Achten Sie darauf, dass die Masse nicht zusammenfällt. Gießen Sie den Teig in eine zuvor gefettete Springform. Verteilen Sie die restlichen Apfelwürfel auf dem Teig.

4. Im Backofen 35 Minuten backen - mit der Stäbchenprobe feststellen, ob der Kuchen fertig ist! Dann den Kuchen aus dem Ofen nehmen, 10 Minuten in der Form auskühlen lassen und dann vorsichtig aus der Form lösen. Der Kuchen schmeckt besonders gut, wenn er mit Puderzucker bestäubt wird.

Leckerer Apfelstrudel

Vorbereitungszeit: 10 Minuten | **Kochzeit/Herstellung:** 1 Stunde | **Portionen:** 12

Zutaten:

- 3 Esslöffel Kokosblütenzucker
- 3 Äpfel (z.B. Boskoop)
- 1 Prise Zimt
- 4 Esslöffel Rosinen (falls vertragen)
- 40 g gemahlene Haselnüsse
- 50 g Butter

Für den Teig:

- 1 Eiweiß
- 100 g Butter
- 200 g Maniokmehl
- 1 Ei
- ½ Teelöffel Salz
- 2 Esslöffel Kokosblütenzucker

Zubereitung:

1. Bringen Sie den Ofen auf 180 Grad. Schälen Sie die Äpfel, entfernen Sie das Kerngehäuse und schneiden Sie sie in kleine Würfel. Die Äpfel mit dem Zimt und den Rosinen mischen.

2. Die Butter in einer Pfanne erhitzen und die Haselnüsse und den Kokosblütenzucker unter ständigem Rühren etwa 2 Minuten rösten, bis der Zucker karamellisiert.

3. Für den Teig das Maniokmehl, die Butter, das Ei, den Kokosblütenzucker und das Salz in einer Rührschüssel vermengen, bis erst Krümel und dann ein glatter Teig entsteht.

4. Gegebenenfalls muss der Teig mit der Hand zu einer homogenen Konsistenz geknetet und bearbeitet werden. Rollen Sie den Teig mit Hilfe eines Nudelholzes auf einem Backpapier dünn und rechteckig aus (so dünn wie möglich, aber Vorsicht, dass er nicht reißt!).

5. Zuerst die Haselnussmischung in die Mitte geben und ausbreiten, dann die Äpfel darauf verteilen.

6. Die Ränder des Teiges vorsichtig nach innen legen und oben fest zusammendrücken. Der Teig reißt sehr leicht ein, Löcher können vorsichtig mit den Fingern verschlossen werden.

7. Die Oberseite mit dem Eiweiß bestreichen und den Strudel im Ofen ca. 30 Minuten backen, bis er goldbraun ist und angenehm duftet. Der Apfelstrudel kann warm mit Puderzucker und Vanillesoße serviert werden.

Herbstlicher Pflaumkuchen

Vorbereitungszeit:	Kochzeit/Herstellung:	Portionen:
10 Minuten	1 Stunde	12

Zutaten:

- 2 Teelöffel gemahlener Zimt
- 1 Esslöffel Mandelstifte
- 80 g Kastanienmehl
- 500 g Pflaumen
- 1 Esslöffel heißes Wasser
- 60 g gemahlene Mandeln
- 80 g Kokosnussmehl
- 1 Ei
- 30 g Kokosnussöl (Raumtemperatur)
- 2 Esslöffel Kokosblütenzucker

Zubereitung:

1. Den Backofen mit 180 Grad Ober-/Unterhitze auf Temperatur bringen. Mischen Sie das Kastanienmehl, das Kokosmehl und die gemahlenen Mandeln zusammen. Ei, Wasser und Kokosöl dazugeben und alles mit der Mixer oder mit den Händen zu einem gleichmäßigen, glatten Teig verkneten.

2. Fetten Sie in der Zwischenzeit die Kuchenform mit ein wenig Kokosöl ein. Gleichmäßig auf dem Boden und am Rand verteilen und mit den Fingern festdrücken.

3. Den Teig ein paar Mal mit einer Gabel einstechen und für 10 Minuten zum Vorbacken in den Ofen geben.

4. In der Zwischenzeit die Pflaumen der Länge nach aufschneiden und den Stein entfernen. Nun die Pflaumen kreisförmig mit der Schnittfläche nach oben auf den Tortenboden legen, dabei außen beginnen. Das restliche Drittel des Teiges zu Streuseln zerbröseln und über die Pflaumen geben.

5. Geben Sie nun Kokosblütenzucker und Zimt auf den Kuchen. Je nach Geschmack noch ein paar Mandelstifte auf die Oberfläche streuen. Stellen Sie den Kuchen für 35 Minuten in den Backofen und backen Sie ihn fertig.

6. Nehmen Sie den Kuchen aus dem Ofen und lassen Sie ihn 10 Minuten lang in der Form auskühlen. Dann den Kuchen vorsichtig aus der Form lösen und vollständig auskühlen lassen. Mit Puderzucker bestäuben und mit Schlagsahne servieren.

Aprikosenkuchen

Vorbereitungszeit:	Kochzeit/Herstellung:	Portionen:
10 Minuten	1 Stunde 10 Minuten	1

Zutaten:

- Kokosnussöl (zum Einfetten)
- 100 g Pekannüsse
- 1 EL Honig
- 150 g gemahlene Mandeln
- 3 Eier
- 3 EL Flohsamen (alternativ geschrotete Leinsamen)
- 8 Aprikosen
- 1 Teelöffel Backpulver

Zubereitung:

1. Bringen Sie den Backofen bei 180 Grad Umluft auf Temperatur. Fetten Sie eine Springform gut ein.

2. Ein paar besonders schöne Nüsse für die Dekoration beiseite legen. 3 Aprikosen für die Dekoration in dünne Scheiben schneiden. Die restlichen Pekannüsse hacken.

3. Restliche Aprikosen mit einem Stabmixer zusammen mit der Vanille zu einer glatten Masse pürieren.

4. Eier und Backpulver mit einem Handrührgerät schaumig schlagen. Alle anderen Zutaten zu der Eiermasse geben und einarbeiten.

5. Den Teig in die gefettete Springform geben. Mit Nüssen und Aprikosenspalten verzieren.

6. Etwa 50 Minuten bei 180 Grad auf der mittleren Schiene backen. Den Kuchen aus dem Ofen nehmen und 10 Minuten in der Form auskühlen lassen.
7. Dann den Kuchen vorsichtig aus der Form lösen und vollständig auskühlen lassen. Mit Puderzucker bestäuben und mit Schlagsahne servieren.

Weißer Traum

Vorbereitungszeit: 10 Minuten | **Kochzeit/Herstellung:** 2 Stunde | **Portionen:** 12

Zutaten:

- 1 Prise Salz
- 3 Datteln (falls verträglich)
- 190 g Haselnüsse oder andere kompatible Nüsse
- 30 g getrocknete Kokosnuss
- 10 g Kakaopulver (falls verträglich)
- 1 Teelöffel Vanillepulver
- 55 g Kokosnussöl

Zubereitung:

1. Haselnüsse in einer Mixer mahlen. Die restlichen Zutaten für den dunklen Boden hinzufügen und verarbeiten, bis alles gut vermischt ist und eine Art Streuselteig zu sehen ist.

2. Legen Sie den Boden der Kuchenform mit Backpapier aus. Pinseln Sie den Rand mit Kokosnussöl ein. Die dunkle Masse in die Kuchenform gießen, gleichmäßig verteilen und festdrücken. Decken Sie die Kuchenform mit etwas Folie ab und stellen Sie sie in den Gefrierschrank.

3. In der Zwischenzeit alle Zutaten für die weiße Schicht in der Mixer oder mit dem Schneebesen eines Handrührgeräts zu einer cremigen Masse schlagen.

4. Lassen Sie das Kokosöl und die Kakaobutter schmelzen und ziehen Sie sie dann unter die cremige Masse.

5. Die Masse auf dem bereits fest gewordenen Boden verteilen und für ca. 1 ½ Stunden in den Gefrierschrank stellen, bis die Masse schön fest geworden ist.

6. Zum Öffnen des Tortenrings die Torte etwas antauen lassen und mit einem Messer vorsichtig am Rand entlang schneiden, bis sich die Springform leicht lösen lässt.

7. Befeuchten Sie ein scharfes Messer unter heißem Wasser und schneiden Sie den Kuchen zum Servieren vorsichtig in kleine Stücke.

New Yorker Käsekuchen mit Heidelbeeren

Vorbereitungszeit: 10 Minuten | **Kochzeit/Herstellung:** 3 Stunden | **Portionen:** 12

Zutaten:

- 1 Prise Vanille
- 120 g Haselnüsse oder andere vollwertige Nüsse 4 EL
- 120 g getrocknete Kokosnuss
- 6 Esslöffel Kokosnussöl
- Kakaopulver (falls verträglich)
- 250 g verträgliche Nüsse
- 2 Esslöffel Honig
- 200 g Heidelbeeren
- 100 ml Kokosnussmilch

Zubereitung:

1. Die Springform mit Backpapier auslegen und den Rand gut einfetten. Haselnüsse, Kokosraspel und Kakaopulver in den Mixer zu einer Art Mehl mahlen. Fügen Sie 2 Esslöffel Kokosöl hinzu.

2. Fügen Sie 2 Esslöffel Kokosnussöl und 1 Esslöffel Honig hinzu, bis alles gleichmäßig wird. Den Teig auf den Boden der Springform drücken und in den Gefrierschrank stellen.

3. Passende Nüsse abwaschen und mit der Kokosmilch, dem restlichen Kokosöl, Honig und Vanille in den Mixer geben. Alles verrühren, bis die Masse komplett cremig ist. Teilen Sie die Masse und stellen Sie die Hälfte beiseite. Gießen Sie die andere Hälfte auf den Tortenboden und stellen Sie die Torte wieder in den Gefrierschrank. Geben Sie die andere Hälfte der Creme in einen Mixer, fügen Sie die Blaubeeren hinzu und mixen Sie alles gut durch.

4. Verteilen Sie die Blaubeermischung auf dem Kuchen, streichen Sie sie glatt und stellen Sie ihn wieder in den Gefrierschrank.

5. Aus dem Gefrierschrank nehmen und 1 Stunde vor dem Servieren auftauen lassen. Schneiden Sie den Kuchen mit einem unter heißem Wasser erhitzten Messer auf und servieren Sie ihn sofort.

Karottenpudding

Vorbereitungszeit:	Kochzeit/Herstellung:	Portionen:
10 Minuten	30 Minuten	2

Zutaten:

- 2 Esslöffel Kokosraspeln
- 8 Möhren
- 100 ml Kokosnussmilch
- 1 Messerspitze Muskatnuss
- 1 Messerspitze gemahlene Nelken
- 1 Teelöffel Zimt
- Ein wenig Vanillepulver

Zubereitung:

1. Schälen Sie die Haut der Möhren und lassen Sie sie 20 Minuten lang in kochendem Wasser köcheln.

2. Die Kokosflocken in den Mixer geben und ca. 1 Minute lang mahlen.

3. Geben Sie die Möhren und die restlichen Zutaten hinzu und mixen Sie alles zu einem cremigen Pudding.

4. Passende Gewürze, wie Muskatnuss oder Vanille, können dem Pudding hinzugefügt werden.

5. Servieren Sie den Pudding mit Kokosraspeln bestreut und genießen Sie ihn sofort.

Pflaumenmarmelade

Vorbereitungszeit:	Kochzeit/Herstellung:	Portionen:
10 Minuten	1 Stunde 45 Minuten	1

Zutaten:

- 4 Karotten
- 3 Stangen Sellerie
- 1 Zwiebel
- 5 Knoblauchzehen
- 3 Esslöffel Olivenöl
- 1 Esslöffel Salz
- 1 Prise Zimt
- 1/2 Esslöffel ganze Pfefferkörner
- 2,4 Liter Wasser

Zubereitung:

1. Bringen Sie den Ofen auf 180 Grad.

2. Geben Sie die Nelken in ein kleines Teesieb. Waschen Sie die Pflaumen, schneiden Sie sie der Länge nach auf und entfernen Sie den Stein.

3. Den Zimt und das Teesieb mit den Nelken in eine Auflaufform oder einen ofenfesten Topf geben und im Ofen etwa 1½ Stunden garen. Gelegentlich umrühren, damit alles gleichmäßig gart. Mit einem Schnellkochtopf geht es schneller.

4. Spülen Sie die Einmachgläser mit heißem Wasser aus und stellen Sie sie mit der Öffnung nach oben für ca. 10 Minuten in den heißen Backofen, um sie zu desinfizieren.

5. Nehmen Sie in der Zwischenzeit das Teesieb mit den Nelken heraus. Pürieren Sie das Püree mit einem Stabmixer, bis Sie die gewünschte Konsistenz haben, und füllen Sie es in die Gläser.

6. Es ist wichtig, dass die Gläser zunächst fest verschlossen und zum Abkühlen auf den Kopf gestellt werden, damit ein Vakuum entsteht.

7. Nach dem Abkühlen kann das Püree ungeöffnet im Kühlschrank für ca. 3 Monate aufbewahrt werden.

Maronen Schmankerl

Vorbereitungszeit:	Kochzeit/Herstellung:	Portionen:
10 Minuten	40 Minuten	3

Zutaten:

- 1 Eigelb
- 200 g vorgekochte Maronen
- 1 Messerspitze gemahlener Koriander
- 1 Messerspitze gemahlene Maskatnuss
- 1 Prise Zimt
- 1 Messerspitze gemahlene Nelken
- 150 ml Kokosnussmilch
- 2 Esslöffel Honig

Zubereitung:

1. Erhitzen Sie Maronen und Kokosmilch in einem Topf bei mittlerer Hitze.

2. Anschließend mit dem Stabmixer fein pürieren. Je nach gewünschter Konsistenz Kokosmilch zur Masse geben.

3. Honig und Gewürze in die Masse einrühren und den Herd ausschalten.

4. Zum Schluss die Eigelbe einrühren und unter ständigem Rühren stocken lassen. Das Dessert auf Dessertschalen aufteilen und bis zum Servieren in den Kühlschrank stellen.

Kürbis-Kekse

Vorbereitungszeit:	Kochzeit/Herstellung:	Portionen:
10 Minuten	1 Stunde 20 Minuten	20

Zutaten:

- 100 g Maniokmehl
- 100 g Kürbiskerne
- 2 EL Honig
- 100 g Butter
- 50 g weiße Schokolade, falls verträglich
- 20 g Pfeilwurzelstärke

Zubereitung:

1. Mahlen Sie die Kürbiskerne in den Mixer zu Mehl. Mit Maniokmehl und Pfeilwurzelmehl mischen.

2. Butter in Stücke schneiden und Honig hinzufügen. Zusammen mit dem Mehl aus dem Mixer zu einer Teigkugel kneten, alternativ mit den Händen zu einer glatten Teigkugel kneten.

3. Den Teig zu einer Rolle (ca. 3-4 cm Durchmesser) formen und eine halbe Stunde im Kühlschrank ruhen lassen.

4. Heizen Sie den Backofen auf 160 Grad Celsius vor und legen Sie ein Backblech mit Backpapier aus. Nehmen Sie den Teig aus dem Kühlschrank, schneiden Sie die Kekse vom Nudelholz ab und legen Sie sie auf das Backblech.

5. Im Backofen 12 Minuten backen. Die Hälfte der vollständig ausgekühlten Kekse mit geschmolzener Schokolade überziehen.

6. Wenn Sie eine Unverträglichkeit haben, lassen Sie die Schokolade weg.

Rote-Bete-Gelee

Vorbereitungszeit:	Kochzeit/Herstellung:	Portionen:
10 Minuten	40 Minuten	20

Zutaten:

- 2 Esslöffel Honig
- 2 Esslöffel Gelatine
- 2 Stücke vorgekochte Rote Bete

Zubereitung:

1. Pürieren Sie die Rote Bete mit dem Stabmixer oder in den Mixer zu einer glatten und feinen Masse. Weichen Sie Gelatine nach Packungsanweisung ein.

2. Das Rote-Bete-Püree und den Honig in einem Topf zum Kochen bringen. Den Topf vom Herd nehmen. Die Gelatine langsam unter kräftigem Rühren zugeben, damit sich die Gelatine auflöst. Füllen Sie die Masse in Silikonförmchen.

3. Alternativ können Sie auch eine rechteckige Form verwenden, so dass die Masse etwa 1-2 cm hoch steht.

4. Stellen Sie die Formen für 30 Minuten in den Kühlschrank und lassen Sie sie gelieren.

5. Stürzen Sie das Gelee und schneiden Sie es ggf. in Form. Sofort servieren.

Karotten-Sellerie-Nuggets

Vorbereitungszeit:	Kochzeit/Herstellung:	Portionen:
10 Minuten	30 Minuten	25

Zutaten:

- 100 g Karotten
- 1 kleine Knoblauchzehe
- 30 ml Olivenöl
- 80 g feine Haferflocken
- 2 frische Eier, Größe M
- 250 g Hähnchenbrustfilet
- 150 g Staudensellerie (Knollensellerie)

Zubereitung:

1. Schneiden Sie zunächst das Fleisch in Stücke. Geben Sie es dann in eine Schüssel. Waschen Sie die Möhren und den Staudensellerie. Dann schälen und raspeln. Nun das Gemüse zum Fleisch geben.

2. Geben Sie die Eier mit den Haferflocken und dem Olivenöl zum Fleisch und vermischen Sie alles miteinander. Nun schälen und pressen Sie den Knoblauch. Geben Sie diesen nach und nach zum Teig und kneten Sie alles zu einer glatten Masse.

3. Formen Sie nun aus dem Teig 25 Nuggets. Nehmen Sie dazu mit nassen Händen etwas Teig und formen Sie Nuggets, indem Sie die Hände oval zusammenpressen.

4. Legen Sie die Nuggets nun auf ein mit Backpapier ausgelegtes Backblech.

Blaubeerwolken mit einem Hauch von Vanille

Vorbereitungszeit:	Kochzeit/Herstellung:	Portionen:
10 Minuten	20 Minuten	8

Zutaten:

- 1 Vanilleschote
- 100 g weiche Butter 2 Eier, Größe M
- 2 Teelöffel Backpulver
- 200 g pürierte Heidelbeeren
- 200 g Dinkelmehl
- 150 g Heidelbeeren

Zubereitung:

1. Heizen Sie den Backofen auf 175 Grad vor.

2. Geben Sie nun die Butter mit zwei Eiern in eine Küchenschüssel und schlagen Sie sie mit dem Mixer schaumig.

3. Schneiden Sie die Vanilleschote der Länge nach auf und kratzen Sie das Mark mit einem scharfen Messer heraus. Geben Sie es dann zu der Butter-Eier-Mischung.

4. Geben Sie nun auch die pürierten Heidelbeeren dazu.

5. Waschen Sie die frischen Blaubeeren. Geben Sie die Blaubeeren, das Dinkelmehl und das Backpulver zur Butter-Vanille-Mischung und verrühren Sie alles mit dem Mixer zu einem glatten Teig verarbeiten.

6. Ein Backblech mit Backpapier auslegen und mit den Fingern oder mit 2 Esslöffeln 20 kleine "Wolken" formen. Backen Sie diese im Ofen für 12 bis 15 Minuten.

Tipp: Sie können das Hühnerei auch durch 4 Wachteleier ersetzen, da diese histaminarm sind. Bei Hühnereiern ist nur das Eigelb histaminarm, aber nicht das Eiweiß. Das Eiweiß führt unter Umständen zu einer Mastzellenaktivierung, so dass es im Rahmen einer Histaminintoleranz nicht zu empfehlen ist.

Dennoch sind Hühnereier in den meisten Fällen auch im Rahmen einer Intoleranz gut verträglich, da sie auf die einzelnen Portionen gerechnet sehr wenig Eiweiß enthalten (Ausnahme: Eierspeisen!). Wenn Sie jedoch nicht mit Sicherheit sagen können, ob Sie das Ei gut vertragen, ist es besser, von Anfang an Wachteleier zu verwenden oder den Verzehr von Hühnereiern sehr vorsichtig und nur in sehr kleinen Mengen zu testen!

Nektarinen-Muffins

Vorbereitungszeit:	Kochzeit/Herstellung:	Portionen:
10 Minuten	25 Minuten	8

Zutaten:

- 2 frische Freilandeier, Größe M (alternativ: 4 Wachteleier)
- 2 reife Nektarinen
- 100 ml Milch
- 1 Teelöffel Backpulver
- 150 g Dinkelmehl

Zubereitung:

1. Heizen Sie den Backofen auf 180 Grad vor. Waschen Sie nun die beiden Nektarinen und schälen Sie die Früchte. Schneiden Sie sie dann sehr fein oder pürieren Sie sie mit einem Stabmixer zu einem feinen Püree.

2. Geben Sie die Eier zu den Nektarinenstücken oder dem Nektarinenpüree und schlagen Sie alles mit dem Mixer schaumig.

3. Geben Sie das Dinkelmehl, das Backpulver und die Milch oder den Haferdrink hinzu. Alles schnell zu einem glatten Teig verrühren.

4. Fetten Sie die Muffinförmchen ein oder legen Sie die Mulden mit Papierförmchen aus. Nun den Teig einfüllen.

5. Die Nektarinen-Muffins auf der mittleren Schiene 20 Minuten backen. Dann herausnehmen und auf einem Rost abkühlen lassen.

Knusprige Pfirsichspalten

Vorbereitungszeit: **10 Minuten**

Kochzeit/Herstellung: **25 Minuten**

Portionen: **25**

Zutaten:

- 150 g Haferflocken
- 300 g frische, reife Pfirsiche
- 1 Teelöffel geschmolzene Butter

Zubereitung:

1. Waschen Sie die Pfirsiche, entsteinen Sie sie und schneiden Sie die Früchte sehr klein.

2. Geben Sie die Fruchtstücke mit 20 ml Wasser in einen Topf und lassen Sie alles ca. 5 Minuten kochen.

3. Fügen Sie die geschmolzene Butter und die Haferflocken hinzu und lassen Sie alles 5 Minuten ausquellen.

4. Legen Sie Ihr Backblech mit Backpapier aus und verteilen Sie die Masse darauf. Backen Sie die Mischung im Backofen mit Umluft bei 175 Grad.

5. Dann das Blech aus dem Ofen nehmen und die Masse ca. 2 Minuten abkühlen lassen. Schneiden Sie noch warm in dicke Stangen (ca. 4 Zentimeter).

Karottenpfannkuchen

Vorbereitungszeit: **10 Minuten**

Kochzeit/Herstellung: **25 Minuten**

Portionen: **25**

Zutaten:

- 150 g Haferflocken
- 300 g frische, reife Pfirsiche
- 1 Teelöffel geschmolzene Butter
- 2-3 Möhren
- 2-3 Äpfel
- 1 Rapsöl
- 1 Banane

Zubereitung:

1. Schälen und raspeln Sie die Möhren. Waschen Sie die Äpfel, halbieren Sie sie und entfernen Sie das Kerngehäuse. Dann die Äpfel sehr fein reiben.

2. Schälen Sie die Banane und pürieren Sie sie.

3. Mischen Sie nun die Banane, den geriebenen Apfel und die Karotten mit den restlichen Zutaten zu einem homogenen Teig.
4. Erhitzen Sie das Rapsöl in einer Pfanne und gießen Sie den Teig portionsweise mit einer Schöpfkelle hinein. Backen Sie die Pfannkuchen goldbraun

Tipp:

Wenn Sie Bananen nicht gut vertragen, können Sie statt der Banane auch 1 frisches Ei oder 4 Wachteleier verwenden.

Knusprige Pfirsichspalten

Vorbereitungszeit: 10 Minuten
Kochzeit/Herstellung: 15 Minuten
Portionen: 8 - 10

Zutaten:

- 100 g Johannisbeeren
- 150 g Heidelbeeren
- 60 g weiche Butter
- 80 g gewachsene Kokosnuss
- 1 frisches Bio-Ei
- 80 ml reine Buttermilch
- 320 g Dinkel vier
- 3 Teelöffel Backpulver

Zubereitung:

1. Waschen Sie zunächst die Johannisbeeren und Heidelbeeren und tupfen Sie sie vorsichtig trocken.
2. Dann das Dinkelmehl mit der Butter und dem Backpulver in eine Schüssel geben und alles gut miteinander verkneten.
3. Nun die Kokosraspeln, das Ei und die Buttermilch hinzugeben. Die Johannisbeeren und Heidelbeeren untermischen und alles zu einem Teig verarbeiten.
4. Rollen Sie den Kuchenteig auf einer Arbeitsfläche aus. Schneiden Sie daraus 8-10 Scheiben und streuen Sie noch ein paar Kokosraspeln darüber.
5. Legen Sie die Scheiben dann auf ein mit Pergament ausgelegtes Backblech und backen Sie sie 18 Minuten lang bei 200 Grad.

Kokosnuss-Kugeln

Vorbereitungszeit: 5 Minuten
Kochzeit/Herstellung: 15 Minuten
Portionen: 15

Zutaten:

- 100 g Paranüsse
- 3 Esslöffel Kokosraspeln
- 70 g gepoppter Amaranth
- 2 Esslöffel Kokosnussöl
- 50 g Macadamia-Nüsse
- 100 g Heidelbeeren

Zubereitung:

1. Mahlen Sie zunächst die Paranüsse und Macadamianüsse in einem leistungsstarken Multizerkleinerer zu einem feinen Mehl.
2. Dann verflüssigen Sie das Kokosöl und geben es zu den Nüssen.
3. Waschen Sie die Heidelbeeren und geben Sie sie zusammen mit dem Amaranth zu der Nussbutter. Mischen Sie alles gründlich miteinander.
4. Formen Sie nun kleine Kugeln aus dem Teig und rollen Sie diese in den Kokosraspeln.
5. Legen Sie die Kugeln für mindestens eine Viertelstunde in den Kühlschrank.

Histaminarme Kirschenknödel

Vorbereitungszeit: 5 Minuten
Kochzeit/Herstellung: 15 Minuten
Portionen: 10

Zutaten:

- 2 Eigelb
- 10 Kirschen
- 40 g flüssige Butter
- 2 Esslöffel Binkelgrieß
- 3 Esslöffel Dinkelmehl
- 1 Prise Salz
- 500 g mehlige Kartoffeln

Zubereitung:

1. Waschen und entsteinen Sie zunächst die Kirschen. Nun kochen Sie die Kartoffeln in 15 bis 20 Minuten weich, pellen sie und drücken sie anschließend durch die Kartoffelpresse.

2. Vermengen Sie sie mit der flüssigen Butter, den Eigelben, dem Dinkelmehl, einer Prise Salz und dem Dinkelgrieß zu einem festen Teig.

3. Bringen Sie einen Topf mit Salzwasser zum Kochen. Nehmen Sie nun ein wenig Teig in die Hand und legen Sie eine entsteinte Kirsche in die Mitte.

4. Dann den Teig zu einer Kugel um die Kirsche formen. Mit dem restlichen Teig und den Kirschen verfahren Sie genauso.

5. Dann die Knödel in das Salzwasser geben und köcheln lassen, bis sie an die Oberfläche kommen. Aus dem Wasser nehmen und in einer Schüssel abkühlen lassen.

Weiche Buttermilchwaffeln

Vorbereitungszeit: 10 Minuten
Kochzeit/Herstellung: 25 Minuten
Portionen: 6

Zutaten:

- 200 ml reine Buttermilch
- 130 g weiche Butter
- 3 frische Bio-Eier
- 200 g Dinkelmehl
- 1 Prise Salz
- 80 g Rohrzucker

Zubereitung:

1. Die weiche Butter mit dem Rohrzucker in einer Schüssel vermischen, eine Prise Salz hinzufügen und alles mit dem Mixer 5 Minuten schaumig schlagen.

2. Geben Sie nun nach und nach die reine Buttermilch, die Eier hinzu und verrühren Sie alles gründlich.

3. Das Dinkelmehl untermischen und alles zu einem glatten Teig verrühren.

4. Backen Sie die Waffeln nacheinander mit dem Waffeleisen.

Tipp: Achten Sie darauf, immer frische Eier zu verwenden und prüfen Sie das Mindesthaltbarkeitsdatum auf der Verpackung! Testen Sie bei Eiern Ihre individuelle Toleranzgrenze und ersetzen Sie im Zweifelsfall die Eier durch Wachteleier.

Heidelbeeren-Pfannkuchen

Vorbereitungszeit:	Kochzeit/Herstellung:	Portionen:
5 Minuten	15 Minuten	4

Zutaten:

- 200 g Heidelbeeren
- 4 Esslöffel Rapsöl
- 2 Teelöffel gemahlene Psyllium
- 300 ml Bio-Frischmilch (1,5%)
- 1 Prise Salz
- 4 frische Bio-Eier
- 200 g Dinkelmehl

Zubereitung:

1. Mischen Sie zunächst das Dinkelmehl mit dem Flohsamen.

2. Dann fügen Sie die Eier und die Milch hinzu und rühren alles zu einem glatten Teig.

3. Mit etwas Salz abschmecken und einen Moment beiseite stellen. Die Heidelbeeren waschen und beiseite stellen.

4. Das Rapsöl in einer Pfanne erhitzen und die Pfannkuchen portionsweise ausbacken.

5. Die Beeren darauf verteilen und ausbacken lassen. Zum Schluss auf einen Teller geben und servieren.

Hirsepfannkuchen mit einer Note von Apfel und Karamell

Vorbereitungszeit:	Kochzeit/Herstellung:	Portionen:
5 Minuten	25 Minuten	4

Zutaten:

- 500 ml Salzwasser
- 2 Esslöffel Kokosblütenzucker
- 1 wenig Rapsöl zum Braten
- 1 Zweig Rosmarin
- 4 Äpfel
- 4 Esslöffel Agavendicksaft
- 6 Esslöffel Haferflocken
- 125 ml Wasser
- 1 frisches Bio-Ei
- 150 g Quark (fettarm)
- 250 g Hirse
- Eine Vanilleschote

Zubereitung:

1. Geben Sie zunächst die Hirse in ein Sieb und waschen Sie sie gründlich ab. Dann in 500 ml Salzwasser geben und eine Viertelstunde bei geringer Hitze köcheln lassen. Dann etwas abkühlen lassen.

2. Nun die Haferflocken, das Ei, den Quark, das Vanillemark und den Zucker zugeben und alles gründlich verrühren. Daraus Puffer formen.

3. Erhitzen Sie das Öl in einer Pfanne und backen Sie die Puffer für 3 Minuten. Erhitzen Sie das Öl in einer Pfanne und backen Sie die Puffer für jeweils 3 Minuten.

4. In der Zwischenzeit die Äpfel waschen und das Kerngehäuse entfernen. Dann in Spalten schneiden. Die Rosmarinnadeln etwas klein hacken.

5. Agavendicksaft in eine Pfanne geben und die Äpfel und den Rosmarin darin karamellisieren. Mit 125 ml Wasser ablöschen und 5 Minuten köcheln lassen.

6. Die Hirsepfannkuchen auf Tellern anrichten und mit dem Apfel-Rosmarin-Karamell servieren.

Fluffiges Kirschquark-Mousse

Vorbereitungszeit:	Kochzeit/Herstellung:	Portionen:
5 Minuten	10 Minuten	4

Zutaten:

- 200 g Frischkäse
- 300 g Kirschen
- 70 g Rohrzucker
- 150 g Magerquark
- 200 g Sahne

Zubereitung:

1. Waschen und entsteinen Sie zunächst die Kirschen. Dann pürieren Sie sie zu feinem Fruchtpüree und stellen es beiseite.

2. Das Fruchtpüree unter den Frischkäse und den Quark heben.

3. Schlagen Sie die Sahne steif und heben Sie sie vorsichtig unter die Quarkmasse.

4. Stellen Sie die Kirschmousse nun bis zum Servieren in den Kühlschrank.

Schokoladen-Chia-Pudding mit Kokosnuss und Blaubeer-Topping

Vorbereitungszeit:	Kochzeit/Herstellung:	Portionen:
5 Minuten	15 Minuten	2

Zutaten:

- 1 Teelöffel rohes Kakaopulver
- 250 ml ungesüßte Mandelmilch
- 1 Esslöffel Kokosraspeln
- 200 g Heidelbeeren
- 40 g Chia-Samen

Zubereitung:

1. Geben Sie die Chiasamen und das rohe Kakaopulver in die Mandelmilch und lassen Sie sie mindestens 15 Minuten quellen.

2. Ab und zu umrühren, damit sich die Chiasamen nicht absetzen.

3. Waschen Sie nun die Heidelbeeren und tupfen Sie sie vorsichtig trocken.

4. Geben Sie sie dann in eine hohe Rührschüssel und pürieren Sie alles mit einem Stabmixer zu einem feinen Blaubeerpüree.

5. Verteilen Sie nun den Chia-Pudding auf zwei Gläser und gießen Sie das Blaubeerpüree darüber. Zum Schluss streuen Sie die Kokosflocken darüber.

Rote Grütze

Vorbereitungszeit: 5 Minuten | **Kochzeit/Herstellung:** 15 Minuten | **Portionen:** 2

Zutaten:

- 200 ml Wasser
- 100 g Johannisbeeren
- 200 g Heidelbeeren
- 100 g Kirschen
- 1 Zimtstange
- 10 g Speisegeträn̈ke
- 40 ml Kirschsaft
- 1 Esslöffel Ahornsirup

Zubereitung:

1. Waschen Sie zunächst die Früchte. Entsteinen Sie die Kirschen und entfernen Sie den Stiel von den Johannisbeeren.
2. Im nächsten Schritt erhitzen Sie 200 ml Wasser in einem Topf, geben die Beeren dazu und fügen die Zimtstange hinzu. Zugedeckt 5 Minuten köcheln lassen. Nun die Masse durch ein Sieb streichen.
3. In der Zwischenzeit die Speisestärke mit dem Kirschsaft verrühren und unter das Fruchtpüree rühren. Nochmals kurz erhitzen, bis die Sauce etwas eindickt.
4. Entfernen Sie die Zimtstange und geben Sie noch etwas Agavendicksaft hinzu. Alles miteinander verrühren und im Kühlschrank aufbewahren.

__Tipp:__ Für eine exotische Variante können Sie auch frische Mango oder Melone Für eine exotische Variante können Sie statt der Beeren auch frische Mango oder Melone verwenden. Fügen Sie noch ein wenig Kokosflocken hinzu und fertig ist die exotische Mousse.

Riegel mit Pastinaken & Käse

Vorbereitungszeit: 10 Minuten | **Kochzeit/Herstellung:** 50 Minuten | **Portionen:** 12

Zutaten:

- 1 Prise Pfeffer
- 1 Esslöffel Dinkelmehl
- 1 Prise Salz
- 2 Teelöffel Petersilie
- 40 g geriebener Gouda
- 50 g Pastinaken
- 80 g Zucchini
- 60 g Möhren
- 2 Frühlingszwiebeln
- 2 Teelöffel Olivenöl
- 3 Eier

Zubereitung:

1. Heizen Sie den Backofen auf 180 Grad vor. Fetten Sie eine rechteckige, flache Backform ein (hier eignet sich z.B. eine Brownieform).
2. Schälen Sie die Haut der Pastinaken und Möhren und raspeln Sie die Pastinaken und Möhren fein. Waschen Sie die Zucchini und raspeln Sie sie fein. Waschen Sie die Frühlingszwiebeln und schneiden Sie sie in sehr feine Ringe.
3. Öl in einer Pfanne heiß werden lassen und Zucchini, Möhren, Pastinaken und Frühlingszwiebeln ca. 5 Minuten braten, bis das Gemüse weich und durchgegart ist. Lassen Sie das Gemüse abkühlen. Geben Sie die Gemüsemischung in eine Schüssel.
4. Geben Sie die Eier, den geriebenen Käse, die fein gehackte Petersilie und das Mehl dazu und verarbeiten Sie alles gut miteinander. Mit Salz und Pfeffer würzen.
5. Dann die Masse in die Backform geben, glatt streichen und im Backofen 10-15 Minuten backen. 10 Minuten abkühlen lassen, dann in 12 Stücke schneiden und vollständig abkühlen lassen.

Abschließende Worte

Histamin-Intoleranz ist eine Krankheit des menschlichen Körpers, die nicht vollständig untersucht und deren Ätiologie nicht vollständig aufgeklärt wurde. Die Existenz dieser Krankheit wird jedoch als absolut glaubwürdig angesehen. Darüber hinaus sind eingehendere Untersuchungen erforderlich, um das Thema vollständig zu klären.

Aber: Wenn Sie an Histamin leiden, können Sie als Person mit Ernährungsumstellung Hilfe und Unterstützung erhalten.

Die Unverträglichkeit eines einzelnen Lebensmittels ist normalerweise individuell, da die Histaminkonzentration im Lebensmittel schwankt.

Die Liste der Lebensmittel mit niedrigerem Histamingehalt kann als Modell verwendet werden.

Darüber hinaus können Angehörige der Gesundheitsberufe und Ernährungswissenschaftler nützliche Informationen zu diesem Thema bereitstellen.

Wenn Sie gegenüber Histamin intolerant sind, bedeutet dies nicht, dass Sie einseitig essen müssen.

In diesem Sinne wünsche ich Ihnen viel Spaß bei der Zubereitung der vielen Rezepte.

Kleine Erinnerung

„Wahrlich, ich sage euch, wenn ihr nicht umkehrt und werdet wie die Kinder, so werdet ihr nicht in das Reich der Himmel eingehen“ (Matthäus 18:3)

„Jesus spricht zu ihm: Ich bin der Weg und die Wahrheit und das Leben; niemand kommt zum Vater als nur durch mich!“ (Johannes 14:6)

ÜBER DEN AUTOR

Autor: Valerie Dinkel 2021

Kontakt: Martin Ruder, Luisenstraße 14, 90762 Fürth
Covergestaltung: Christian Ehrnsperger

Printed in Poland
by Amazon Fulfillment
Poland Sp. z o.o., Wrocław

85155605R00094